Knaur
MensSana

Über die Autorin:

Ayya Khema wurde 1923 als Kind jüdischer Eltern in Berlin geboren.
1938 entfloh sie mit ihrer Familie dem Nationalsozialismus. 1949
wurde Ayya Khema amerikanische Staatsbürgerin und lebte in Kali-
fornien. Nach Jahren der buddhistischen Ausbildung wurde sie 1979
in Sri Lanka zur Nonne ordiniert und gründete zwei Jahre später das
International Women's Centre nahe Colombo. Aufgrund ihrer Inspi-
ration entstand im Allgäu auch das Buddha-Haus, in dem sie lange
lebte und lehrte.

Ayya Khema

Das Größte ist die Liebe

Die Bergpredigt und das Hohelied der Liebe
aus buddhistischer Sicht

Knaur
MensSana

Besuchen Sie uns im Internet:
www.knaur.de

Vollständige Taschenbuchausgabe 2002
Droemersche Verlagsanstalt Th. Knaur Nachf., München
Copyright © 1995 by Jhana Verlag, Uttenbühl
Alle Rechte vorbehalten. Das Werk darf – auch teilweise –
nur mit Genehmigung des Verlags wiedergegeben werden.
Umschlaggestaltung: ZERO Werbeagentur, München
Umschlagabbildung: IMAGINE, Hamburg
Satz: Ventura Publisher im Verlag
Druck und Bindung: Nørhaven Paperback A/S
Printed in Denmark
ISBN 3-426-87154-8

2 4 5 3 1

Inhalt

Danksagung

Dieses Buch ist aus Vorträgen entstanden, die ich mittwochs bei unseren öffentlichen Vortrags- und Meditationsabenden gehalten habe.

Nicht nur meinen Zuhörern ist zu verdanken, daß dieses Buch nun vorliegt, sondern auch Sylvia Kolk, die die Kassetten transkribiert hat, und Richard Häsli, der sich der Mühe unterzogen hat, alle Vorträge zu redigieren. Gudrun hat mir beim Durchsehen des Manuskripts geholfen, Traudel hat es am Computer gesetzt, und Nyanabodhi hat den Umschlag gestaltet. Johannes wird das Buch nun für den Jhana Verlag zu den Buchhändlern bringen.

Jeder hat zum Gelingen beigetragen und alle haben sich gefreut, bei der Verbreitung des Konzeptes der Zusammengehörigkeit mitzuhelfen.

Wenn sich bei einigen Menschen durch das Lesen dieses Buches das Herz weiter öffnet, so sind wir alle reich belohnt.

Buddha-Haus, Mai 1995
Ayya Khema

Einleitung

In der großen Familie der Menschheit haben wir uns viele Jahrhunderte hindurch voneinander abgegrenzt und unsere Verschiedenheit betont. Jeder von uns hat sich bestimmten Bereichen zugehörig gefühlt.

Da gibt es die vielen Sprachen, Hautfarben, Interessen, Gebräuche, unterschiedliche Gesellschaftsformen und Kulturen, und über allem stehen dann die Weltreligionen mit scheinbar widersprüchlichen Erklärungen.

Es scheint der Zeitpunkt gekommen zu sein, an dem wir unsere Zusammengehörigkeit erkennen müssen, wenn wir überleben wollen.

Mehr und mehr Menschen bemühen sich um diese neue Weltsicht, denn es ist uns leichter denn je gemacht, uns gegenseitig kennenzulernen. Wenn wir uns näherkommen, merken wir recht schnell, daß wir alle das gleiche Anliegen haben: wir möchten Glück und Frieden finden. Dann wird es viel einfacher, das »Ich« mit dem »Du« zu vereinen.

Ein bedeutsamer Schritt muß von uns zur besseren Verständigung, vor allem auf der spirituellen Ebene, unternommen werden, denn die verschiedenen religiösen Vorstellungen sind tief in unserem Bewußtsein verankert und oft mit vielen Vorurteilen belastet.

Die in diesem Buch enthaltene Gegenüberstellung des Korintherbriefes und der Bergpredigt mit den Worten

des Buddha soll ein Beispiel für die Zusammengehörigkeit sein, die in der Familie der Menschheit besteht.
Wenn wir das Gefühl für die Zusammengehörigkeit
empfinden, kann Frieden in unsere Herzen einziehen
und dadurch Frieden in der Welt herrschen.

Ayya Khema

I
Das Hohelied der Liebe

»Wenn ich mit den Zungen der Menschen und der Engel rede, doch Liebe nicht habe, bin ich ein tönendes Metall oder eine klingende Schelle.

Und wenn ich Prophetengabe besitze und um alle Geheimnisse weiß und alle Erkenntnis, und wenn ich allen Glauben habe, daß ich Berge versetze, doch Liebe nicht habe, so bin ich nichts.

Und wenn ich all meine Habe austeile zur Speise für die Armen, und wenn ich meinen Leib hingebe zum Verbrennen, doch Liebe nicht habe, nützt es mir nichts.

Die Liebe übt Nachsicht; in Güte handelt die Liebe. Sie eifert nicht; die Liebe macht sich nicht groß, sie bläht sich nicht auf.

Sie benimmt sich nicht ungehörig; sie sucht nicht das ihre; sie läßt sich nicht erbittern; sie rechnet das Böse nicht an.

Sie hat nicht Freude am Unrecht, freut sich jedoch an der Wahrheit.

Sie erträgt alles, sie glaubt alles, sie hofft alles, sie duldet alles.

Die Liebe hört niemals auf. Ob Prophetengaben, sie gehen zu Ende; ob Reden in Zungen, sie werden aufhören; ob Erkenntnis, sie nimmt ein Ende. Denn Stückwerk ist unser Erkennen und Stückwerk unser prophetisches Reden.

Kommt aber die Vollendung, wird das Stückwerk abgelegt werden.

Als ich noch Kind war, redete ich wie ein Kind, dachte ich wie ein Kind, überlegte wie ein Kind; da ich aber Mann geworden, legte ich die Art des Kindes ab.

Denn jetzt schauen wir im Spiegel ein unklares Bild, dann aber von Angesicht zu Angesicht. Jetzt erkenne ich stückweise; dann aber werde ich erkennen, so wie auch ich erkannt bin.

Jetzt bleiben Glaube, Hoffnung, Liebe, diese drei: am größten unter ihnen ist die Liebe.«

Wir wollen den Korintherbrief (13. Kapitel) aus dem Neuen Testament mit zwei Lehrreden des Buddha vergleichen, so daß wir beide Religionsgründer und deren Anliegen besser verstehen lernen. Ich denke, es ist für uns von Interesse, einmal festzustellen, daß in jeder Religion das gleiche gelehrt wird. Unsere Schwierigkeiten liegen nicht daran, welchen Religionen wir folgen möchten, es kommt nur darauf an, ob wir den Anweisungen Gehör schenken. Vor allem kommt es darauf an, ob wir überhaupt verstehen, was zu tun ist. Als nächstes müssen wir uns daran erinnern und können letztlich den aufgezeigten Weg auch praktizieren. Wenn wir diese drei Schritte unternehmen, können wir nicht fehlgehen. Aber vielleicht ist es gar nicht so einfach, den Zugang zu dem zu finden, was die großen Meister der Religionen uns mitteilen wollten.

Wir brauchen unser Herz und nicht nur den Intellekt, um unsere spirituelle Natur zum Leben zu erwecken. Mit dem Intellekt haben wir nicht so viele Schwierigkeiten wie mit unserem Herzen. Daher ist auch dieses Kapitel des Korintherbriefes, »Das Hohelied der Liebe«, von größter Wichtigkeit. Es beginnt mit:

»Das Größte ist die Liebe. Wenn ich mit den Zungen der Menschen und der Engel rede, doch Liebe nicht habe, bin ich ein tönendes Metall oder eine klingende Schelle.«

Wir können also noch so schöne Reden halten, aber ohne Liebe sind sie hohl und nichtig. Wenn wir uns so anschauen, was alles für Vorträge angeboten und wo überall Reden gehalten werden, so fehlt es uns bestimmt nicht an klugen Worten.

»Und wenn ich Prophetengabe besitze und um alle Geheimnisse weiß und alle Erkenntnis, und wenn ich allen Glauben habe, daß ich Berge versetze, doch Liebe nicht habe, so bin ich nichts.«

Die Zukunft vorauszusagen war von jeher eine viel bewunderte Fähigkeit. Ein Drittel des Alten Testaments handelt von den Propheten Israels. Dennoch sagt der Apostel, daß dies ohne Liebe wertlos sei. Auch ein tiefer Glaube, der sogar Berge versetzen kann, ist immer noch nichts, verglichen mit Liebe.

»Und wenn ich all meine Habe austeile zur Speise für die Armen, und wenn ich meinen Leib hingebe zum Verbrennen, doch Liebe nicht habe, nützt es mir nichts.«

Dazu sagt der Buddha folgendes:

»Einstmals lebte ein Brahmane, namens Velama. Dieser spendete folgende gewaltige Gaben. Er verschenkte 84.000 mit Silber gefüllte goldene Gefäße, 84.000 mit Gold gefüllte silberne Gefäße, und vieles mehr. Was soll man da erst von Speise und Trank sagen, von den Kauwaren, Eßwaren, Leckereien und Getränken, die dort gleichsam in Strömen flossen? ... Bei weitem verdienstvoller aber ist es, wenn man selbst nur so viel wie einen flüchtigen Duft liebevoller Gesinnung erweckt.«

Hier begegnen wir dem gleichen Prinzip. Obwohl der Brahmane Velama unendlich viele Wertgegenstände und auch Speise und Trank verschenkt hat, so sagt der Buddha dennoch, es sei viel verdienstvoller, wenn wir selbst nur einen flüchtigen Duft liebevoller Gesinnung in uns erwecken würden.

Es ist wichtig, das Wort oder den Begriff »Liebe« richtig zu verstehen, und nicht einfach anzunehmen, es wäre das, was wir im allgemeinen darunter verstehen, oder was wir auch schon selbst erlebt haben. Wäre das der Fall, hätten wir sicherlich einen ganz anderen Zugang zum spirituellen Leben. Jeder von uns hat ja schon Liebe erlebt oder erlebt sie noch. Aber diese Art der Liebe, die wir kennen, ist auf bestimmte Menschen gerichtet und soll dort auch Resonanz finden. Wir wollen wiedergeliebt werden. Außerdem sind wir kritisch, beurteilen, verurteilen und sind sehr wählerisch, wem wir unsere Liebe schenken. Häufig denken wir auch an eine Größenordnung bei unserer Liebe, als ob ein Gefühl zu messen wäre. Wenn wir viel Liebe geben, wollen wir auch die gleiche Menge erhalten. Solche zwischenmenschlichen Beziehungen sind äußerst schwierig. Im allgemeinen glauben wir, wenn Probleme auftauchen, es läge an dem Partner oder an uns selbst oder an beiden. Unsere Beziehungen sind aber so schwierig, weil unsere Art, mit Liebe umzugehen, auf der weltlichen, materiellen Ebene stattfindet. Wir stellen Bedingungen, deren Erfüllung oft ausbleibt, und dadurch wird unser Gemüt erschüttert.

Wir denken, wir bräuchten eine bestimmte Person, um zu lieben, die bei uns bleiben soll und so reagieren soll, wie wir es wünschen. Das erzeugt Angst und Unruhe, denn wir wissen unterschwellig, daß dies unrealistische Ansprüche sind.

Auf der spirituellen Ebene wird eine andere Art und Weise des Liebens angesprochen. Wir können das im Korintherbrief nachvollziehen, wenn wir lesen:

»Die Liebe übt Nachsicht.«

Die Liebe wird als ein unpersönliches Gefühl bezeichnet; es heißt nicht: »der Liebende übt Nachsicht«.

»In Güte handelt die Liebe.«

Diese Unpersönlichkeit ist das, worauf es hier ankommt. Liebe ist, genau wie es der Buddha lehrt, eine Fähigkeit und Qualität des Herzens, die jeder von uns in sich trägt, die wir aber entwickeln müssen, weil wir sie so oft vernachlässigen. Wir kümmern uns nicht recht um dieses innere Juwel, weil wir hoffen, es wäre jederzeit zu finden. Vielleicht erinnern wir uns daran, wie wir das erste Mal verliebt waren. Es war ganz entzückend, auch recht unruhig und aufregend, aber dennoch bezaubernd. Aber wieso waren wir überhaupt unruhig und aufgeregt? Weil wir uns von jemand anderem abhängig gemacht hatten, was nicht unbedingt wunschgemäß verlaufen mußte. Diese Erklärung soll uns zu verstehen geben, wie wir uns fühlen könnten, wenn es sich nicht um eine bestimmte Person handelt, sondern unser Herz sich die Liebesqualität aneignet und immer in sich trägt.

Vielleicht können wir hier auch den Sinn der Religionen spüren, den beide Lehrer uns vermitteln. Der Buddha sagt in der Lehrrede von der Liebenden Güte:

»Wenn man den Frieden des Herzens sucht, bemühe man sich um folgende Gesinnung: Man sei freundlich, sanft und ergeben.«

Diese Worte zeigen in die gleiche Richtung, der wir bereits als »nachsichtig« und »in Güte« begegnet sind. Es gibt Wegweiser für die Eigenschaften, die wir üben sollten, um das Liebesgefühl in uns so zu erwecken, daß wir es nicht mehr verlieren können. Oft denken Menschen, wenn sie das hören, daß sie dann vielleicht übervorteilt werden. Können wir denn auf der Ebene der Liebe übervorteilt werden? Das kann höchstens auf der weltlichen, materiellen Ebene geschehen, auf der die Dualität von »mein« und »dein« herrscht. Wenn uns aber klar ist, so wie der Buddha sagt, »daß der Frieden des Herzens das Ziel des Lebens ist, dann kommt es ja wohl nicht mehr darauf an, ob jemand, dem wir Liebe schenken, das gleiche tut, und ob demjenigen dadurch irgendein Vorteil erwächst. Wir erkennen dann ohne jeden Zweifel, daß alles Gute, das wir tun, so wie lieben, helfen, Nachsicht üben, in Güte handeln, für uns selbst der größte Gewinn ist. Wir erleben dann im Alltag: »Wie du säst, sollst du ernten«. Und selbst wenn jemand unsere Saat nicht erkennt, was macht es schon? Sie bringt immer die dazugehörende Ernte.

Das nächste, was wir im Korintherbrief über die Liebe finden, ist:

»Die Liebe macht sich nicht groß, sie bläht sich nicht auf.«

Der Buddha sagt:

»Man sei aufrecht und gewissenhaft und ohne Stolz.«

Fraglos können wir diese Eigenschaften in uns entwickeln, jedoch basiert die Liebe, die dadurch in unserem Herzen erweckt wird, nicht auf irgendwelchen speziellen Menschen, Idealen, Ideen, Situationen oder Ereignissen. Sie ist einzig und allein das Vertiefen der schöpferischen Qualität unseres Herzens, so daß es nichts anderes mehr spüren kann. Wir haben auch Haß, Ablehnung und Widerwillen in unserem Herzen. Wenn das nicht der Fall wäre, wäre es nicht nötig, den Läuterungsprozeß durchzuführen. Liebe ist eine Fähigkeit jedes menschlichen Herzens, deren Entwicklung uns ein wichtiges Anliegen sein sollte.

Dann wird im Korintherbrief gesagt:

»Sie (die Liebe) benimmt sich nicht ungehörig.«

Die Worte des Buddha:

»Auch nicht im Kleinsten soll man sich vergehen.«

Da wird etwas angesprochen, was wir an sich gar nicht mit Liebe in Verbindung bringen, nämlich unser allgemeines Benehmen. Die zehn Gebote haben im Buddhismus ihre Parallele in den fünf Tugendregeln, und zwar: nicht töten; nicht nehmen, was nicht gegeben wurde; keinen sexuellen Mißbrauch treiben; keine Lügen, keine groben Worte, kein Hintertragen; keine Drogen oder Alkohol. Wenn wir nicht töten und sexuellen Mißbrauch vermeiden, soll dies den Haß in uns vermindern. Nehmen wir nichts, was uns nicht gegeben wurde, so arbeiten wir damit der Gier entgegen. Vermeiden wir Lügen und grobe Worte, Alkohol und Drogen, dann können wir eher Harmonie in unserem Leben verwirklichen. Auch Schmeicheln entspricht nicht der Wahrheit, aber das liebevolle Gespräch miteinander ist ein Weg des Herzens. Die meisten Menschen sprechen über das, was sie wissen. Es ist die übliche Art und Weise, sich zu unterhalten. Es ist aber viel eindringlicher und erbaulicher, wenn wir vom Herzen sprechen und uns auf dieser Ebene anderen nähern. Das bringt ein Zusammengehörigkeitsgefühl und auch eine enge Verbindung mit anderen Menschen.

Unser Innenleben wird durch unsere Gefühle regiert. Wenn wir also Zugang zu anderen Menschen haben wollen, dann ist es auf der Gefühlsebene viel einfacher als auf der Wissensebene. Es ist interessant, wie ähnlich die Anweisungen sind. Dennoch genügt es nicht, nur davon zu hören oder darüber zu lesen, wir müssen uns auch merken, was gesagt wurde. Das ist schon schwieriger, doch vor allem das Üben ist nicht so einfach. Wir haben oft die Idee, alles andere sei wichtiger, und darum sehen wir in der Welt auch so vieles, was uns betrübt, dem wir nicht zustimmen, und vergessen dabei, daß wir ja selbst die Welt sind. Es handelt sich um jeden von uns, denn, wenn wir uns ändern, ändert sich die Welt. Der nächste Satz im Korintherbrief ist:

»Sie (die Liebe) sucht nicht das ihre.«

Das heißt, Liebe ist nicht eigennützig. Beim Buddha steht:

»Was immer auch an Wesen gäbe,
ob stark, ob schwach, ob groß oder klein,
zu sehen oder nicht, fern oder nah,
mögen sie alle glücklich sein
und ihre Herzen Freude haben.«

An andere zu denken und nicht den eigenen Vorteil zu suchen, ist ein Zeichen der reinen Liebe. Hilfsbereit und gebefreudig sein, nicht bekommen wollen, sondern verschenken ist die Eigenschaft der Liebe. Der Fehler, den wir immer wieder machen, der hier durch »sie sucht nicht das ihre« verdeutlicht wird, ist der, daß wir geliebt werden wollen. Das bestätigt uns dann, daß wir liebenswert sind. Wenn wir niemanden finden oder im Moment kennen, der uns diese Bestätigung vermittelt, so suchen wir ihn entweder, oder wir fühlen uns einsam, verlassen und ohne Liebe. Jedoch die Liebe, die ein anderer spürt, ist dessen Gefühl; nur die Liebe, die wir selbst fühlen, ist ausschlaggebend. Wenn wir interessiert daran sind, Liebe in unserem Leben zu empfinden, gibt es nur einen Weg, und der heißt: lieben und Liebe verschenken. Das ist die Bedeutung von »sie sucht nicht das ihre«.

Auch der Buddha erwähnt immer wieder, daß wir allen Wesen liebend begegnen sollen. Er erwähnt alle diese verschiedenen Möglichkeiten: »stark, schwach, groß, klein, sichtbar, unsichtbar, fern oder nah«, um damit auszudrücken, daß es nicht darauf ankommt, wer uns gegenübersteht. Das einzig Wichtige ist das Üben der Herzensöffnung, und das ist jedem von uns möglich. Wir haben es auch schon hin und wieder in uns erlebt, aber danach immer wieder unser Herz verschlossen. Sicherlich können wir nachvollziehen, daß es nur wichtig und heilsam ist, wenn wir selbst lieben.

Dann suchen wir nicht mehr danach, geliebt zu werden: »Sie sucht nicht das ihre.«

»Sie läßt sich nicht erbittern. Sie rechnet das Böse nicht an.«

Der Buddha sagt:

»Möge niemand einem andern schaden oder irgendwie verachten. Wir wollen keinem bös' gedenken aus Feindschaft oder Ärgernis.«

Es gibt bestimmt Menschen, mit denen wir nicht übereinstimmen, deren Handlungen wir nicht akzeptieren können und die wir daher ablehnen. Wahrscheinlich gibt es auch jemanden, über den wir uns ärgern.

In beiden Fällen wird auf der einen Seite gesagt:

»Sie rechnet das Böse nicht an. Sie läßt sich nicht erbittern.«

Der Buddha formuliert:

»Aus Ärger oder Übelwollen gedenke man keinem mit Böswilligkeit.«

Wenn wir uns auch ganz berechtigt fühlen, einen Menschen abzulehnen, weil alles, was er tut und spricht, nichts Gutes ausdrückt, so verhärten wir unser eigenes Herz, wenn wir ihm übelwollen oder Unglück wünschen. Wir haben sowieso keinen Einfluß darauf, was dem anderen zustößt, denn er lebt mit seinen eigenen Karma-Resultaten. Aber wir selbst leiden an unserer Lieblosigkeit. Unser Zugang zur eigenen Herzensgröße und der Weichheit und Öffnung unseres Herzens verschließt sich wieder. Wir haben die Möglichkeit, wie ein Verliebter durchs Leben zu gehen, aber nicht, indem wir nun einen Menschen dafür suchen, sondern indem wir alles mit einem liebenden Herzen umfassen. Sei das die Natur, andere Menschen, Krankheit oder Tod.

Im Korintherbrief steht:

»Freut sich jedoch an der Wahrheit.«

Der Buddha meint:

»So mögen wir für alle Wesen die grenzenlose Liebe haben, erweckt in uns durch reine Wahrheit.«

Wahrheit ist eine innere Ehrlichkeit, die uns davor bewahrt, uns auf irgendeine Weise aufzuspielen, entweder, weil wir glauben, wir würden so leichter akzeptiert, oder weil wir uns dann wichtiger vorkommen. Es ist eine allgemeine Schwierigkeit, daß Ehrlichkeit uns selbst gegenüber nicht genügend geübt wird, und wir uns daher in einem Rollenspiel verlieren. Es ist äußerst anstrengend, andauernd sich selbst und anderen etwas vorzugaukeln. Wahrheit gehört zu Liebe, weil beide die tiefsten Gefühle des Herzens ansprechen. Vielleicht erkennen wir daraus auch die Möglichkeit, die wahre Liebe in uns zu erwecken. Sie wird zwar immer so hingestellt, als ob sie von der oder dem Richtigen abhängig wäre. Die meisten Menschen haben sicher schon gemerkt, daß das gar nicht der Fall ist. Wahre Liebe bedeutet, unser Herz so zu erleben, daß es Liebe empfindet, ganz gleich, mit wem wir zusammen sind, oder ob überhaupt jemand da ist. Wahre Liebe ist nicht ängstlich. Anhaftende Liebe hat Angst vor Verlust, weil wir glauben, daß Liebe von der Gegenwart bestimmter Menschen abhängig ist. Das ist nicht die Wahrheit der Liebe, sondern Anhänglichkeit. Wahre Liebe ist Hingabe.

In diesem Zusammenhang wäre zu erwähnen, daß Meditation ohne Hingabe nicht funktioniert. Wir müssen beim Meditieren alles loslassen, womit wir uns sonst beschäftigen, und uns vollends dem Geschehen des Atems hingeben. Das bedeutet, daß wir die Meditation lieben und uns der spirituellen Läuterung hingeben. Wenn wir unser Herz weich, geschmeidig und liebevoll öffnen, können wir beim Meditieren die Welt einmal hinter uns lassen und Ruhe und Frieden erleben. Denn die Liebe ist stärker als das Denken. Teresa von Avila sagte: »Nicht so viel denken, mehr lieben.« Das bedeutet allerdings nicht, daß wir im täglichen Leben nicht denken sollen; wir brauchen unsere Denkfähigkeit zu allem, was wir tun, aber wir denken zu viel und lieben zu wenig. Wenn wir von den verschiedenen Lehrern die gleichen Anweisungen bekommen, ist es vielleicht an der Zeit, ihren Inhalt zu untersuchen. Der Buddha forderte seine Zuhörer immer wieder auf, nicht zu glauben, nicht zu zweifeln, sondern alles selbst zu prüfen und auszuprobieren.

Der nächste Satz im Korintherbrief heißt:

»Sie erträgt alles, glaubt alles, hofft alles und duldet alles.«

Der Buddha sagt dazu:

»Wie eine Mutter mit ihrem Leben
Ihr einzig Kind bewacht und schützt
So mögen wir für alle Wesen
Die unbegrenzte Liebe erwecken.«

Eine Mutter duldet die Dummheiten ihres Kindes. Sie hofft alles für ihr Kind und erträgt alles, was sie für das Kind tun muß, vor allem, wenn es noch klein ist. Das ist manchmal gar nicht so einfach. Sie glaubt auch an ihr Kind. Innige Liebe ist in all dem enthalten: im Ertragen, Glauben, Hoffen und Erdulden. Die Worte des Buddha sind eine weitgreifende Anweisung, die nicht leicht zu befolgen ist; sie zeigt uns aber, was wir tun können. Wenn wir selbst eine Familie haben, ist es nicht schwer festzustellen, was wir für die eigenen Kinder fühlen, und dann können wir unsere Liebe für alle anderen Menschen damit vergleichen. Der Unterschied ist so gewaltig, daß dies wohl keinem Menschen entgehen kann. In unserer Gesellschaft wird es als natürlich angesehen, daß dies so ist. Jede Mutter weiß genau, mit wieviel Angst ihre Liebe für ihre Kinder durchsetzt ist. Die eigenen Sprößlinge müssen unbedingt am Leben bleiben, in jeder Hinsicht in Ordnung sein und im Leben ihren Weg machen. Die meisten Mütter, wenn nicht alle, haben in ihrer Liebesbeziehung zu ihren Kindern dadurch große Schwierigkeiten. Ihr Herz zittert und findet keinen Frieden. Aus den Lehrreden des Buddha können wir entnehmen, daß alle Menschen auf dieser Welt schon unsere Kinder waren oder einmal sein werden. Das macht unsere Beziehung zueinander um vieles einfacher. Wenn wir uns vorstellen, daß jeder Mensch, den wir treffen, vielleicht schon einmal unser Kind war oder sein wird, dann sind alle Schwierigkeiten viel leichter zu ertragen. Wir können erdulden, hoffen und den Menschen glauben.

Wenn wir uns immer nur auf diejenigen Menschen konzentrieren, die jetzt in unserer Familie sind, begrenzen wir unsere Liebesfähigkeit so, daß unser Herz sich mehr und mehr zusammenzieht. Es kann sich dann nie ins Unendliche erweitern. Erst das grenzenlose Herz ohne Beschränkungen ermöglicht uns, die Wirklichkeit in uns selbst zu erkennen, so daß die

Menschen, die Welt, das Universum sich in der Tiefenperspektive zeigen, die uns zur absoluten Wahrheit führt. Mit der Begrenzung unseres Herzens für einige wenige Kinder oder Menschen können wir das nicht, denn wir ziehen scharfe Grenzen. Dort ist unsere Welt zu Ende.

Sollten wir keine eigenen Kinder haben, können wir uns vielleicht an der Liebe unserer Mutter orientieren, oder auch an der Liebe, die wir für einen besonderen Menschen hegen. Wieder können wir den Unterschied zwischen unseren Gefühlen für den geliebten Menschen und für den Rest der Menschheit feststellen. Meistens empfinden wir Gleichgültigkeit oder oft auch Ablehnung für andere. Von bedingungsloser Liebe für die Menschen, mit denen wir zusammenkommen, kann bei den meisten von uns kaum die Rede sein, weil wir es nicht geübt haben. Aber auch Liebe ist erlernbar. Wenn wir meditieren wollen, müssen wir die Konzentration erlernen und üben. Dazu müssen wir auch Liebe üben, denn diese beiden gehören zusammen. Liebe ist die Fähigkeit, uns voller Geduld und Vertrauen hinzugeben, was eine unerläßliche Vorbedingung für die Meditation ist. Wenn wir gewillt sind, das Verschenken unseres Herzens zu üben, ändert sich unser Alltagsleben beinahe sofort.

Es ist uns fremd, daß wir Liebe üben können. Im allgemeinen wurde uns gesagt oder nahegebracht, daß Liebe ein Zufall sei, auf den wir hoffen sollen. Liebe ist jedoch die Fähigkeit, das Herz zu öffnen und zu verschenken. Es ist vergleichbar mit der Fähigkeit der Intelligenz. Wenn wir einen intelligenten Geist haben, so können wir vielleicht schwierige Aufgaben lösen. Wenn solche momentan nicht anstehen, so geht unsere Intelligenz bestimmt nicht verloren. Genau so ist es mit der Liebe. Wenn jemand da ist, können wir sie verschenken, wenn niemand da ist, bleibt sie dennoch im Herzen. Wenn wir sie immer in uns verspüren, gibt sie uns Selbstvertrauen, denn wir wissen, daß wir liebevoll reagieren können, was immer auch auf uns zukommt. Wir können auf uns selbst vertrauen. Auch ein Gefühl der inneren Freude ist spürbar. Sicherlich können wir uns an die Freude im Herzen erinnern, die uns in einer Liebesbeziehung begleitet hat. Leider war auch Angst vorhanden, weil wir gleichzeitig anhafteten. Aber das ist hier nicht der Fall, und so erleben wir »wahre Liebe«. Der Weg der Meditation, der uns in andere Bewußtseinsebenen führen kann, braucht die unpersönliche, bedingungslose Liebe als ein Fundament und Stütze.

Im Korintherbrief heißt es weiter:

»Die Liebe hört niemals auf.«

Sie ist also nicht davon abhängig, ob jemand Spezielles da ist, sondern nur davon, ob wir sie geübt haben.

»Prophetengaben gehen zu Ende. Redende Zungen werden aufhören. Erkenntnis nimmt ein Ende. Denn

Stückwerk ist unser Erkennen und Stückwerk unser
prophetisches Reden. Kommt aber die Vollendung,
wird das Stückwerk abgelegt.«

Die Vollendung spricht der Buddha in folgender Art
und Weise an. Er sagt:

»Wer sich nicht an Ansichten verliert,
Tugend und Weisheit gewinnt,
dem Sinnesgenuß nicht verhaftet ist,
für den gibt es kein Leid mehr.«

Die Vollendung in der Lehre des Buddha ist das tiefe
Erkennen der Unpersönlichkeit und Substanzlosigkeit
von allem, was existiert. Haben wir das verinnerlicht,
dann wird es viel einfacher, nicht nur das zu lieben,
was »mein« ist, sondern sich allem in Liebe zuzuwenden.

Wenn wir uns selbst prüfen, werden wir merken, daß
das 13. Kapitel der Korinther und die Liebende-Güte
Lehrrede des Buddha uns persönlich betreffen. Vor
2500 und vor 2000 Jahren wurde zu Menschen gesprochen, die dieselben Probleme hatten wie wir. Es
hat sich nichts geändert.

Auch vom Geist wird oft gesprochen, was uns leichter zugänglich ist, denn wir haben die Erziehung
des Geistes genossen, die uns daher nicht fremd
ist. Aber die Erziehung des Herzens blieb aus, und
so müssen wir sie selbst nachholen. Obwohl dies

natürlich nicht ganz einfach ist, so können wir mit sofortigen Resultaten rechnen. Der Buddha sagt, wie schon erwähnt, selbst wenn wir nur so viel wie einen flüchtigen Duft liebevoller Gesinnung haben, so gilt das mehr als das Verschenken wertvollster Gaben.

Aus dem Korintherbrief:

»Als ich noch Kind war, redete ich wie ein Kind, dachte ich wie ein Kind, überlegte wie ein Kind. Da ich aber Mann geworden, legte ich die Art des Kindes ab, denn jetzt schauen wir im Spiegel ein unklares Bild, dann aber von Angesicht zu Angesicht. Jetzt erkenne ich stückweise, dann aber werde ich erkennen, so wie auch ich erkannt bin.«

Hier wird das spirituelle Wachstum angesprochen, das tiefe Erkenntnis gebracht hat. Jetzt verschmelzen Gott, die Welt, das Universum, wir selbst, und letztlich bleibt nur noch Gott (oder *Nibbäna*) bestehen. Der Buddha hat dazu gesagt:

»Das ganze Universum, ihr Mönche, liegt in diesem klafterlangen Körper und Geist.«

Dies entspricht den Worten »so wie auch ich erkannt bin«. In der Lehrrede über den höchsten Verdienst sagt der Buddha ferner:

»Doch noch verdienstvoller ist es, wenn man die Betrachtung der Vergänglichkeit übt und wäre es nur für einen Augenblick.«

Dies ist damit vergleichbar, erst Kind, dann Mann/Frau zu sein, die Art des Kindes abzulegen, erst ein unklares Bild zu haben, dann von Angesicht zu Angesicht mit Klarblick zu sehen. Klarheit ist größter Verdienst. Am Ende des Briefes an die Korinther heißt es:

»Jetzt bleiben Glaube, Hoffnung, Liebe. Diese drei: am größten unter ihnen ist die Liebe.«

Der Buddha sagt dazu:

»Im Gehen oder Stehen, im Sitzen oder Liegen, entfalte man eifrig die Liebe.
Dies nennt man Weilen im Heiligen.«

Wenn wir also stetig üben, so bedeutet es das Verweilen im Heilsein (oder Heiligen), in dem wir beides, Denken und Fühlen, zu einem harmonischen Ganzen gebracht haben. Leider ist dies bei den meisten Menschen eher unausgeglichen und bringt viele Schwierigkeiten mit sich. Obwohl wir genau wissen, was richtig wäre und es erdenken können, so fühlen wir es dennoch nicht. Wenn wir diese Heilung vorgenommen haben, können wir im Heiligtum unseres Herzens verweilen.

Hier wird auch gesagt, daß die größte von allen Fähigkeiten die Liebe ist. Der Buddha erwähnt, daß ein Mönch die unpersönliche, bedingungslose Liebe so entfaltet hatte, daß das allein genügte, um in ihm die Erleuchtung zu erwecken, die das vollkommene Erkennen von sich selbst und der Welt bedeutet. Ansonsten beengt unser Denken unseren Horizont. Was jedoch kein Stückwerk mehr ist, ist alles umfassend, unendlich, aber unpersönlich. Wie wir gehört haben, ist dies möglich, wenn unser Herz so geöffnet und geläutert ist, daß keinerlei Negativitäten uns in irgendeiner Weise mehr berühren können und nur noch Liebe darin wohnt.

II
Liebende-Güte-Meditation

(Goldene Kerze)

Zu Beginn wollen wir die Achtsamkeit für ein paar Momente auf den Atem lenken.

Jetzt stellen wir uns vor, daß wir eine herrliche, goldene Kerze in unserem Herzen anzünden und zum Leuchten bringen. Sie erwärmt unser Herz und erleuchtet jeden Winkel. Alles Unreine wird dadurch losgelassen, so daß nur noch Leuchten und Wärme im Herzen zu finden sind. Die Herzenswärme durchdringt uns, und das Leuchten des Herzens umhüllt, beglückt und beschützt uns.

Nun schenken wir das strahlende Leuchten und die Wärme unseres Herzens demjenigen, der uns am nächsten sitzt, und füllen ihn von Kopf bis Fuß mit Herzenswärme an und umhüllen ihn mit dem strahlenden Leuchten aus unserem Herzen, um ihn zu beglücken. Er fühlt sich darin wohl und beschützt.

Wir denken an unsere eigenen Eltern, ob sie noch am Leben sind oder nicht, und schenken ihnen die ganze Wärme, die in unserem Herzen ist und lassen sie an dem strahlenden Leuchten und der Reinheit teilhaben, die aus unserem Herzen kommt, so daß sie von diesem Geschenk beglückt sind.

Jetzt denken wir an die Menschen, die uns am nächsten stehen, und schenken ihnen unser Herz voll Wärme und Leuchtkraft, ohne zu erwarten, das gleiche zurückzubekommen. Ein reines Geschenk der Liebe und Zuwendung.

Wir denken an alle unsere guten Freunde und lassen die strahlende Kerze in unserem Herzen zu deren Herzen ausstrahlen, so daß sie die Herzenswärme und den Glanz empfinden, sich daran wärmen und erfreuen können.

Nun denken wir an Bekannte, Verwandte, Arbeitskollegen und Nachbarn, wer immer uns in den Sinn kommt aus unserem Alltag. Wir lassen den Glanz von der leuchtenden, goldenen Kerze in unserem Herzen zu deren Herzen ausstrahlen und füllen sie mit unserer Herzenswärme, so daß sie die Liebe und Zuneigung spüren können. Wir umhüllen sie mit der Leuchtkraft, die sie beglücken wird.

Jetzt denken wir an jemanden, mit dem wir Schwierigkeiten haben, und erkennen, daß jeder sich an einer leuchtenden, goldenen Kerze erfreuen kann. So lassen wir die Herzenswärme und den Glanz unseres Herzens auch zu diesem Menschen ausstrahlen und fühlen uns dadurch erleichtert. Wir fühlen uns diesem Menschen nah und können vergessen und vergeben.

Wir wollen uns vorstellen, daß unser Herz immer größer und größer wird und die goldene Kerze in unserem Herzen immer stärker und stärker leuchtet, so daß ihr Glanz und ihre Wärme zu den Menschen nah und fern ausstrahlt. Wir denken zuerst an die Menschen hier in der Umgebung, die die Wärme und den Glanz verspüren, sich daran erfreuen und erwärmen. Dann gehen wir weiter zu den Dörfern und Städten, über das ganze Land, soweit die Kraft unseres Herzens reicht, und stellen uns vor, daß diese herrliche, goldene Kerze uns mit allen verbindet, wo immer sie wahrgenommen wird und Glück spenden kann.

Jetzt wollen wir die Achtsamkeit wieder auf uns selbst lenken. Wir verspüren den Glanz, das Strahlen des Herzens, die Wärme der Liebe in uns. Wir füllen uns von Kopf bis Fuß mit Herzenswärme und umhüllen uns mit dem leuchtenden Glanz der goldenen Kerze in unserem Herzen.

Nun verankern wir diese wunderschöne, goldene Kerze in unserem Herzen, so daß sie eins damit wird.

Mögen alle Menschen ihr Herz zum Leuchten bringen.

III
Ihrer ist das Himmelreich

»Selig, die arm sind in ihrem Geist, denn ihrer ist das Himmelreich.

Selig sind die Trauernden, denn sie werden getröstet werden.

Selig sind die Machtlosen, denn sie werden das Land erben.

Selig sind die hungern und dürsten nach der Gerechtigkeit, denn sie werden gesättigt werden.«

Matthäus (5, 3–6)

Die Bergpredigt ist leicht verständlich und spricht direkt zu uns. Die Verse fangen immer mit: »Selig!« an, und dann folgt die Erklärung der einzelnen Punkte. Das erinnert an die »Mahamangala Sutta«, die »Lehrrede vom Großen Segen«, die uns vom Buddha überliefert ist. Insgesamt gibt es dort 38 Segen, doch schon wenige würden uns glückselig machen. Der erste Segen in der Bergpredigt lautet:

»Selig, die arm sind in ihrem Geist, denn ihrer ist das Himmelreich.«

Was bedeutet eigentlich, geistig arm zu sein? Der Buddha erwähnt dies in seinen Erklärungen über die Kontemplation und vor allem über die Meditation. Im Prinzip bedeutet Meditation nichts anderes als Geistestraining. Alle, die wir schon einmal meditiert haben, wissen aus Erfahrung, daß jeder Gedanke, der sich dabei einstellt, uns beim Meditieren stört, und daß wir nie zur Ruhe kommen können, solange wir denken. Wir müssen also »arm im Geist« werden, um höhere Bewußtseinsebenen zu erleben, was uns ein Himmelreich eröffnen kann. Hier können wir an die Meditationslehre des Buddha anknüpfen, die besagt, daß Frieden ins Herz einzieht, wenn der Geist ohne Denken zur Ruhe kommt. Das hört sich ganz einfach an, doch jeder, der noch nicht lange meditiert und vielleicht auch nicht ständig dabei ist, weiß, wie schwierig die Praxis ist. Das größte Hindernis dabei ist die Tatsache, daß wir nur dann eine Bestätigung für unsere Existenz haben, wenn wir denken. Natürlich erleben wir diese Bestätigung, wenn wir uns unterhalten, etwas anschauen oder lesen. Setzen wir uns aber zum Meditieren hin und wollen zur Ruhe kommen, gibt es diese Unterstützung der Persönlichkeit nicht. Wir sind nicht nur an das Denken gewöhnt, das uns ständig begleitet, sondern auch an die permanente Daseinsbestätigung, die sehr oft Daseinsberechtigung genannt wird. Hier haben wir einen fundamentalen Grund für die Schwierigkeiten beim Meditieren.

Wie machen wir es uns leichter? Jesus sagte, wenn

man geistig arm sei, gehöre einem das Himmelreich. Der Buddha sagte, wenn wir ohne Denken meditieren, können wir höhere Bewußtseinsebenen erreichen. Beider Versprechen helfen uns, den Versuch zu unternehmen, unseren Geist zu zügeln. Weshalb ist es denn so wichtig, daß wir einmal mit dem Denken aufhören? Jeder, der sich selbst untersucht, erkennt, daß alles, was in uns und um uns herum geschieht, allein durch unser Denken bestimmt wird. Alles, worauf wir reagieren, hat seine Ursache im Denken und bringt Unruhe in unser Gemüt. Folglich möchte jeder einmal vom Denken befreit sein. Die meisten Menschen gehen deshalb abends ganz gern ins Bett. Doch leider herrscht auch dort keine Ruhe, denn unsere Träume beschäftigen uns auf angenehme oder unangenehme Weise.

Der Wunsch nach Ruhe, nach innerem Frieden, ist nur erfüllbar, wenn wir lernen, den Geist auf einem Punkt zu belassen. Mit dem Atem als Meditationsobjekt erleben wir jeden Atemzug und denken weder über den Atem noch über den vergangenen oder kommenden Tag nach. Das bedeutet, keine Pläne zu schmieden oder Erinnerungen nachzuhängen, sondern den Moment zu erleben. Wenn wir eines Atemzuges zutiefst inne werden, wissen wir, was es bedeutet, am Leben zu sein, und auch daß es unmöglich ist, unser Leben zu erdenken, es muß erlebt werden. Wir können immer nur einen Atemzug erleben; der vorherige ist vorbei, und der nächste ist noch nicht gekommen. Dann wird uns eines Tages ganz klar, daß wir uns in einem ständigen Strom der Veränderungen befinden, und hören auf, uns dagegen zu stemmen, sondern beginnen mitzufließen. Mitfließend ist es viel einfacher, im ewigen Jetzt zu sein. Der Buddha hat deutlich und pragmatisch von den meditativen Vertiefungen gesprochen und diese sogar von eins bis acht numeriert. Jede von ihnen eröffnet eine andere und neue Bewußtseinsebene, die man als Zustände eines himmlischen Bewußtseins bezeichnen kann, wo nicht gedacht und nicht reagiert wird. Sie bedeuten unser inneres Juwel, das jeder von uns in sich trägt. Es würde zu weit führen, die verschiedenen Stufen der acht Vertiefungen hier in ihren Einzelheiten zu erklären, doch so viel sei gesagt, daß sie in enger Beziehung zu dem Wort von Jesus »denn ihrer ist das Himmelreich« stehen. Die einzige Art und Weise, wie es gelingt, mit dem Denken aufzuhören und statt dessen zu meditieren, besteht darin, daß wir stetig und ständig üben. Wir essen und trinken jeden Tag, dafür haben wir immer Zeit. Der Körper muß sein Recht bekommen. Doch wie verhält es sich mit dem Geist? Sollte er nicht auch sein Recht bekommen? Wenn wir uns immer wieder hinsetzen, um den Geist zu schulen, wird es ihm eines Tages zur Gewohnheit werden, sich dem Meditationsobjekt hinzugeben. Die Hingabe zeigt sich im Zusammenfließen von Geist und Meditationsobjekt, ohne Selbstbehauptung oder Selbstbestätigung. Auf welche Weise wir diese Vereinigung hervorrufen, ist nicht wichtig. Die Hauptsache ist, daß es uns gelingt, uns hinzugeben. Es ist ohne Bedeutung, ob wir dabei an den Buddha, an Jesus oder an einen geliebten Menschen denken. Wichtig ist nur, daß wir uns selbst verschenken können. Da muß niemand sein, dem wir uns schenken. Wenn wir uns darum bemühen, wird die Meditation erfolgreich sein. Menschen, die leicht ein Gefühl der Liebe und Zuneigung entwickeln können, gelingt es besser, sich hinzugeben. Aber ganz leicht fällt es niemandem. Die meisten Menschen müssen täglich üben; Ausnahmen sind höchst selten. Einst war es uns ein großes Anliegen, uns sehr viel Wissen anzueignen. Es ermöglicht vor allem einen besseren Lebenserwerb. Aber friedlich wird niemand davon, sonst würden ja die Menschen, die am meisten wissen, am friedlichsten sein. Das stimmt doch sicherlich nicht, eher ist das Gegenteil der Fall. Wissen bringt keinen inneren Frieden, jedoch können wir uns ohne Wissen in der heutigen Gesellschaft nicht durchsetzen. Wenn es sich aber um das spirituelle Erleben handelt, zählt allein die Herzensqualität der unbegrenzten Hingabe. Manche Menschen brauchen ein Meditationsobjekt oder eine Person, um sich hingeben zu können. Anderen genügt es zu wissen, daß Liebe und Hingabe Herzensqualitäten sind, die sie in sich wecken und immer wieder kultivieren können, um sie zu vermehren und fest zu verankern. Wir können beim Meditieren beispielsweise das Verständnis entwickeln, daß der Atem unsere

Lebensgrundlage ist. Ohne den Atem würden wir sehr schnell tot sein. Weshalb also nicht jeden Atemzug lieben und uns dem Atem ganz hingeben? Wenn wir nämlich das Herz engagieren und es zu vollem Leben erwecken, brauchen wir nicht ganz so viel Geistesarbeit zu leisten. Wenn das Gefühl spricht, muß der Geist nicht erklären. Hier können wir uns noch einmal in Erinnerung rufen, was Jesus in der Bergpredigt gesagt hat. Nach der Beschreibung von Matthäus tat Jesus seinen Mund auf, lehrte sie und sprach:

»Selig, die arm sind in ihrem Geist, denn ihrer ist das Himmelreich.«

»Selig sind die Trauernden, denn sie werden getröstet werden.«

Dieses Versprechen ist sicherlich oft mißverstanden worden. Es hört sich so an, als ob es gut wäre, über sich oder andere zu weinen. Doch das ist nicht der Sinn der Worte. Ihre Bedeutung erschließt sich uns mit Hilfe von der Lehre des Buddha. Der Buddha hat als erste Edle Wahrheit jegliche Existenz als *Dukkha* erklärt und damit Kummer, Schmerz und alles Unbefriedigende gemeint. Nach der zweiten Edlen Wahrheit liegt die Ursache für dieses *Dukkha* im Begehren, was auf verschiedenen Ebenen auftritt. Am besten ist uns das Begehren nach Sinnesbefriedigung bekannt. Stets wollen wir nur das Angenehme sehen, hören, riechen, antasten, schmecken und denken. Die dritte Edle Wahrheit des Buddha lautet, daß eine vollkommene Erlösung von jedem Leid möglich ist, wenn wir die vierte Edle Wahrheit so praktizieren, daß uns die absolute und endgültige Realität klar wird. Das ist eine sehr kurze Fassung des Erleuchtungsprinzips. *Dukkha* muß erkannt werden. Wir müssen einsehen, daß auf der Ebene des Weltlich-Menschlichen immer irgend etwas nicht ganz in Ordnung ist. Wir können nicht fortwährend nur dem Angenehmen begegnen. Das ist einfach nicht möglich. Wir bemühen uns zwar alle eifrig, doch es funktioniert nicht. Jemand sagt etwas, worauf wir reagieren, und schon entsteht eine Meinungsverschiedenheit. Es ist nicht einmal das Schlimmste, daß wir durch unsere Sinneskontakte ständig Eindrücke bekommen, viel aufreibender ist der ständig gegenwärtige innere Druck, den wir selbst auf uns ausüben, um jegliches *Dukkha* von uns abzuwenden. Offensichtlich wollen wir einfach nicht akzeptieren, daß auf der weltlichen Ebene Kummer, Schmerz, Unzufriedenheit und das Nicht-Erfülltsein Tatsachen sind, denen kein Mensch ausweichen kann. Deshalb sind wir todunglücklich, wenn wir nicht zufriedengestellt werden. Dabei sollten wir stets im Sinne behalten: So ist es auf der menschlichen, weltlichen Ebene und nicht anders. Wenn wir eines Tages *Dukkha* akzeptieren, das Unerfülltsein erkennen, es als universelle Wahrheit begreifen und wissen, daß nur der Weg hinaus aus dieser weltlichen Ebene für uns die Erfüllung bringen kann, dann sind wir »getröstet«. Die Einsicht, die wir gewinnen, schützt uns einerseits vor dem Glauben, daß wir selbst besonders geschädigt sind, weil etwas Unangenehmes geschehen ist; andererseits schützt sie uns vor der Hoffnung, nicht von dem Leid berührt zu werden, das wir in der Welt sehen. Ohne diese Einsicht stecken wir wie ein Vogel Strauß den Kopf in den Sand, wenn Gefahr droht. Die Welt zu erkennen, wie sie wirklich ist, und in allem, was uns selbst geschieht, die universelle Ebene miteinzubeziehen, gibt uns Trost. Der Buddha hat uns jedoch den Weg hinaus aus allem Leid sehr deutlich und in allen Einzelheiten beschrieben. Freilich müssen wir uns selbst auf den Weg machen, was Zeit, Anstrengung und Umdenken erfordert. Der spirituelle Pfad setzt, wie es auch die Bergpredigt deutlich zum Ausdruck bringt, andere Bewertungen voraus, die sich nicht der Marktplatz-Denkweise anpassen. Alle großen spirituellen Führer der Menschheit sind uns deshalb oft schwer verständlich. Die spirituelle Bedeutung der Sprache, die sie benutzt haben, ist uns fremd, denn dieselben Worte haben nicht den gleichen Stellenwert. Darüber hat ein berühmter thailändischer Mönch ein Buch mit dem Titel »Zwei Arten der Sprache« geschrieben, in dem er sich mit der Begrenztheit unserer Sprache befaßt und aufzeigt, wie die gleichen Worte durch Umdenken einen spirituellen Inhalt gewinnen.

Es ist interessant, daß bei der Bergpredigt ständig

Ursache und Wirkung erwähnt werden. Die Lehre des Buddha wird oft die Lehre von Ursache und Wirkung genannt, was uns als *Karma* und seine Resultate nahegebracht wird und aus unseren Absichten und deren Folgen besteht. Eine Zusammenfassung der buddhistischen Lehre, genannt »die bedingte Entstehungskette«, zeigt bildlich, wie jegliche Wirkungen zu neuen Ursachen werden. In diesem Kreislauf von Ursache und Wirkung vollzieht sich unser Leben, wenn wir nicht merken, daß wir aussteigen können.

Die Bergpredigt verweist stets auf die Bedingtheiten, wenn wir beispielsweise geistig arm sind, dann kommen wir in das Himmelreich. Wenn wir Trauernde sind (weil wir die Trauer erkannt haben), dann werden wir getröstet werden. Der Satz »Wie du säst, sollst du ernten« drückt das gleiche Prinzip aus. Das Naturgesetz von Ursache und Wirkung ist, genau wie das Naturgesetz von Tag und Nacht, ständig am Werk. Wir können es vergessen, aber wir können ihm nicht entfliehen.

Als nächstes finden wir in der Bergpredigt:

»Selig sind die Machtlosen, denn sie werden das Land erben.«

»Machtlos« kann verschieden interpretiert werden, aber vor allem bedeutet es, sich selbst und anderen zu verzeihen. Die Sanftheit des Verzeihens bewirkt ein Gefühl der Stärke, und wer sich innerlich stark fühlt, benötigt keinen materiellen Besitz, um sich behaupten zu können und innere Kraft zu verspüren.

Fraglos hat Jesus nicht den Besitz von Land, Häusern oder Grundstücken empfohlen. Vielmehr hat er geraten, sicher, ohne Angst zu sein, als wäre man ein König, den sein Land und seine Leute beschützen. »Machtlos« bedeutet auch, keine Machtansprüche der Selbstbehauptung anderen zu vermitteln, was die Fähigkeit der unpersönlichen Liebe unterstützt. Wir lernen dabei, daß sich unser Herz allem, was existiert, ob Mensch, Natur oder Tier, liebevoll nähern kann. Dazu gehört, daß wir entweder unsere Ängste schon überwunden haben oder sie durch unsere liebevolle Zuwendung loslassen können. Ohne Angst sind wir ein König in dem Reich unseres eigenen Herzens.

Verzeihen schließt Akzeptieren mit ein. So wie es ist, ist es. Sich selbst zum spirituellen Wachstum zu verhelfen, ist ein schönes Vorhaben. Es beinhaltet, daß wir den Übungsweg nicht mehr vergessen können. Wenn sich die Liebesfähigkeit des Herzens entwickelt, werden Verzeihen und Akzeptieren eine Selbstverständlichkeit. Das Herz orientiert sich dann nicht an Menschen, die liebesbedürftig oder liebenswert sind, sondern konzentriert sich allein auf das Gefühl der unpersönlichen, bedingungslosen Liebe. Sanftmütig, angstlos und ohne Ablehnung zu sein, ohne sich behaupten oder Resultate erwarten zu müssen, ist ein Gefühl, als schreite man durch sein eigenes Land, wo nirgends Gefahren sind. Eine solche innere Sicherheit ist nur möglich, wenn wir uns hingeben können und nicht etwas darstellen wollen. Je mehr wir darstellen wollen, desto mehr Gefahren sind wir ausgesetzt, denn es gibt immer irgend jemand, dem wir nicht gefallen, oder der gerade selbst die gleiche Rolle spielen will. Je weniger wir uns behaupten wollen, desto größer wird unsere Herzensfähigkeit.

»Selig sind die hungern und dürsten nach der Gerechtigkeit, denn sie werden gesättigt werden.«

Zunächst sehen wir hier wiederum das Gesetz von Ursache und Wirkung. Auf »hungern« und »dürsten« folgt logischerweise »gesättigt werden«. Doch was soll das Wort »Gerechtigkeit« bedeuten? Die Bergpredigt erklärt im nächsten Kapitel, daß mit Gerechtigkeit die Gebefreudigkeit gemeint ist. Unter der Überschrift »Vom Almosengeben« lesen wir:

»Gebt acht, daß Ihr Eure Gerechtigkeit nicht vor den Menschen tut, um Euch ihnen zur Schau zu stellen, sonst habt Ihr keinen Lohn bei Eurem Vater im Himmel.«

Wenn wir geben und großzügig sind, bekommen wir Resultate, die uns innerlich erfüllen, so daß wir uns »gesättigt« vorkommen. Dabei dürfen wir aber unsere Gebefreudigkeit nicht um der Anerkennung willen, sondern um des Gebens willen praktizieren.

Das gilt ganz besonders im Hinblick auf die Liebe. Jeder möchte gerne geliebt werden, denn wir fühlen uns dann akzeptiert und liebenswert. Doch es bleibt immer die Liebe dessen, der uns liebt. Wenn wir jedoch unsere eigene Liebe immer wieder von neuem mit der innigsten Gebefreudigkeit verschenken, fühlen wir sehr viel Liebe im Herzen, sind vollkommen »gesättigt«, und brauchen niemanden, der uns liebt. Je mehr Liebe wir verschenken, desto mehr verspüren wir in uns, sind davon erfüllt und haben weder Hunger noch Durst.

Gebefreudigkeit läßt sich auf vielen Ebenen üben. Wir haben vieles zu verschenken: Geld, Hab und Gut, unsere Fähigkeiten, unsere Zeit oder auch unser Mitgefühl. Wir können öfters einmal überlegen: »Wieviel habe ich heute schon verschenkt?« Es muß nicht etwas Materielles sein. Wieviel Liebe habe ich heute schon verschenkt oder wie viele gute Worte? Wieviel Anerkennung oder Akzeptanz, wieviel Sanftmut, wieviel Freude? Es ist sehr hilfreich, am Abend eine solche Bilanz zu ziehen, die uns zeigt, wie wir durch die Übung des Gebens auf dem spirituellen Pfad wachsen können. Man kann die Bilanz sogar schriftlich erstellen oder aber auch im Geist machen. Jeder gute Geschäftsmann prüft am Abend, was er am Tag verkauft hat. Die Dinge, die keiner gekauft hat, bestellt er nicht mehr nach; diejenigen dagegen, die jeder haben wollte, besorgt er sich gleich wieder. Genau so ist es in unserem Fall. Was war mir möglich zu verschenken?

Ist das Geschenk gut angekommen? Wenn ja, dann kann ich sicherlich mehr davon gebrauchen. Was habe ich sonst noch in mir verspürt? Wollte mir jemand Abneigung, Ärger oder Aufregung abnehmen oder nicht? Bestimmt wollte das niemand; folglich nicht nachbestellen. Das ist eine äußerst pragmatische Art und Weise, sich selbst zu betrachten, die der Buddha oft empfohlen hat. Da sich dies alles auf der Ebene unserer täglichen Realität abspielt, können wir es momentan erleben und erkennen und unser Bewußtsein danach ausrichten. Wenn wir aber nicht sehen, was in uns vorgeht, ist es schwer, uns zu ändern. Der Text der Bergpredigt besagt, daß wir sicher gesättigt werden, wenn wir unsere Gebefreudigkeit so entwickeln, daß wir ohne sie gar nicht auskommen. Das ist eine vollkommen realistische Erklärung von Ursache und Wirkung, die wir ohne weiteres nachprüfen können. Unsere Gebefreudigkeit muß uns so deutlich sein wie der eigene Hunger und Durst, die wir durch Essen und Trinken befriedigen können. Wenn unsere Gebefreudigkeit uns genau so am Herzen liegt, dann sind wir beglückt, wenn wir jemanden beschenken können. Häufig ist das Gefühl, das wir verschenken, noch wichtiger als etwas Materielles. Natürlich ist es möglich, unsere Liebe auch durch Gegenstände auszudrücken. Zu festlichen Gelegenheiten werden Geschenke oft als Notwendigkeit angesehen. Wichtig wäre dann zu prüfen, ob wir unsere Liebe bezeugen oder unseren Verpflichtungen nachkommen oder nur dem allgemeinen Brauch folgen wollen. Vielleicht wollen wir aber wirklich etwas mit dem Geschenk aussagen, wie beispielsweise Zusammengehörigkeit, Nähe, Einfühlung in die Wünsche und Freude des anderen. Wenn wir unsere Liebe und Zusammengehörigkeit bezeugen wollen, dann ist das Geschenk wohlgetan. Wenn wir uns überlegen, was ein anderer gern hätte oder gebrauchen könnte, und wie wir ihm unsere Zuneigung und Freundschaft bezeugen können, haben wir bereits eine Zeitlang nicht an uns selbst gedacht. Das bringt eine Riesenerleichterung! Alle Probleme, die wir haben können, entstehen nur, wenn sich das »Ich« äußert. Wenn wir uns fragen, wie wir jemanden erfreuen könnten, so bringt das schon ein momentanes Loslassen der Bürde der Ich-Bezogenheit. Die Freude, das Richtige gefunden zu haben, bringt sogleich ein Gefühl der Fülle. Wenn wir die Liebe, die wir im Herzen haben, verschenken, brauchen wir sie bei niemandem zu suchen. Genauso ist es mit dem Verschenken von Freude; auch sie ist in unserem eigenen Herzen spürbar und nur dort zu erleben.

Die Gleichnisse, die Jesus benutzt hat, sind sehr realistisch. Er sprach von Hunger, Durst und Sättigung. Wir müssen nun versuchen, uns seinen Worten auf einer Ebene zu nähern, die uns spirituellen Zugang zu der Frage verschafft, wie wir innerlich erfüllt sein können, denn das ist die Bedeutung von Gesättigt-Sein. Unerfülltheit ist unser menschliches

Geschick. Wir spüren innere Unruhe, die besagt: Das kann doch noch nicht alles sein, es muß doch noch etwas mehr geben. Dann suchen wir hier und dort, etwas mehr zu bekommen. Doch auch das bringt nicht die unerschütterliche Zufriedenheit, die wir suchen. Wenn wir lernen loszulassen und zu geben, dann werden wir Erfüllung erleben und gesättigt sein. Wenn uns die Gebefreudigkeit ein so wichtiges Anliegen wie unser eigener Hunger und Durst ist, dann wird das Verschenken zur Gewohnheit werden.

Jeden Abend eine Bilanz zu ziehen, ist sehr zu empfehlen. Wir brauchen uns keine Selbstvorwürfe zu machen. Wir prüfen, wie jeder vernünftige Geschäftsinhaber, ganz objektiv den Bestand in unserem Herzen und stellen fest, wie gefragt und akzeptabel die einzelnen Aspekte sind, und welche wir vielleicht austauschen könnten. Eine Bilanz dieser Art kann viel Einsicht bringen.

Die ersten vier Zeilen der Bergpredigt enthalten:

1.) Geistig arm sein, was aufhören des Denkens und statt dessen Erleben bedeutet. Wenn wir das üben, merken wir, daß jede Sekunde, in der wir nicht ganz wach und achtsam sind, verloren ist.

2.) Das Erkennen und Akzeptieren der universellen Unerfülltheit bringt uns Trost.

3.) Wir leben ohne jede Gefahr, wenn wir ohne Macht-ansprüche nur den inneren Reichtum entwickeln.

4.) Innere Sättigung kommt von Gebefreudigkeit, die als Gerechtigkeit bezeichnet wird. Das wiederholte und vermehrte Weggeben bringt Wunschlosigkeit mit sich, denn wir üben dabei das Loslassen, das Nicht-Anhaften. Die Wunschlosigkeit ist der ein-zige Weg, um Schmerz, Kummer, Unerfülltheit und Unzufriedenheit zu überwinden.

Es ist bedeutsam, daß alle Religionen dieselben An-weisungen geben. Die Buddha-Lehre erklärt uns au-ßerdem noch genaue Methoden zur Verwirklichung des inneren Wachstums: es ist für uns alle nur eine Frage der Übung. Sowohl der Buddha wie auch Jesus haben vor dem Materialismus gewarnt. Der Buddha sprach von dieser »Generation der verblendeten Menschheit«, und Jesus hat die »Geldwechsler aus dem Tempel geworfen«. Auch wir sagen heute, daß der Materialismus überhand genommen hat, aber je-der von uns hat die Möglichkeit, Neuland im Herzen zu entdecken.

IV
Die Barmherzigkeit

»Selig sind die Barmherzigen, denn sie werden Barm-
herzigkeit erlangen.«

Matthäus (5, 7)

Hier liegt ein ganz wichtiger Ausspruch vor. Auch der
Buddha hat über dieses Thema gesprochen, nur hat er
andere Worte verwendet. Es geht hier nochmals um
Ursache und Wirkung, um *Karma*. Wenn jemand
barmherzig ist, dann erlebt er auch Barmherzigkeit. Er
bekommt genau das, was er gibt. *Karma* ist vollkommen unpersönlich, ist nicht Schuld und Sühne,
sondern es handelt sich einfach um Geschehnisse und
deren Folgen. Wenn wir frei von Ablehnung und
Zustimmung bei uns selbst prüfen, ob diese Aussage
stimmt, wird es uns wahrscheinlich möglich sein, in
unserem eigenen Leben Ursache und Wirkung zu erkennen. Der Buddha hat jedoch gesagt, *Karma* sei so
verwoben wie ein Spinnennetz, wo Anfang und Ende
des Fadens nicht zu finden seien. Gleichwohl können
wir in unserem Leben Situationen nennen, wo wir uns
für das eine oder andere entschieden haben und dann
die entsprechenden Resultate erlebt haben.

Wenn wir glauben, daß wir uns für das Gute entschieden haben, doch dann schlechte Resultate bekommen,
dann müssen wir nochmals unsere Absichten über-

prüfen. Wir neigen nämlich sehr leicht dazu, uns etwas vorzumachen. Wörtlich übersetzt bedeutet »Karma« eigentlich »Tat«. Doch der Buddha erklärte: »Karma sind die Absichten.« Wie können wir erfahren, ob wirklich alle Ursachen Wirkungen haben, und ob das auch für uns persönlich Tag für Tag zutrifft? Wir müssen unseren eigenen Geist befragen. Was sind meine Beweggründe? Ist es Selbstsucht oder Hilfsbereitschaft? Will ich geben und schenken, oder will ich bekommen und behalten?

Jeder Gedanke macht *Karma,* und wir haben an einem Tage unzählige davon. Hinter jedem stecken unsere Hoffnungen, Pläne, Ablehnungen oder Begierden. Es gibt drei Sorten von *Karma:* gutes, schlechtes und neutrales. Nicht allzuviele Gedanken machen neutrales *Karma.* Die meisten sind gemischt, weder schwarz noch weiß. Daher müssen wir auf unsere Gedanken aufpassen und überlegen: Was will ich eigentlich? Was will ich in meinem Leben, und welche Absichten habe ich in dieser Sekunde? Unsere Gedanken bewegen sich ständig hin und her, sie kommen und gehen. Wir ändern oft unsere Meinungen, genauso können wir auch unsere Gedanken ändern, wenn wir merken, daß sie uns nichts Gutes bringen. Sobald uns durch eigene Untersuchung klar wird, daß Ursachen tatsächlich Wirkungen haben und daß wir nicht einfach ohne Folgen denken, sprechen und handeln können, dann beginnen wir, auf uns aufzupassen. Oft glauben wir, Gedanken seien zollfrei, keiner würde sie bemerken. Auf jeden Fall können wir nur das sagen und tun, was wir vorher gedacht haben. Wer sich anderen Menschen aufmerksam zuwendet, merkt oft, noch bevor sie etwas sagen oder tun, ob ihre Gedanken negativ oder positiv sind. Ihre Haltung verrät sie. Es gibt ja nicht nur eine verbale Sprache, sondern auch die Körpersprache, den Gesichtsausdruck, den Tonfall. Unser Gesichtsausdruck bringt unsere Gefühle an die Oberfläche; wir können uns auf längere Zeit nicht hinter Worten verstecken. Laut einer Statistik sind Worte an unserer Kommunikation nur zu 7% beteiligt. 93% liegen auf der nicht-verbalen Ebene.

Ursache und Wirkung betreffen jeden von uns. Wir glauben es vielleicht, aber haben wir diese Tatsache auch auf unser Leben bezogen? Es geht darum, daß das, was wir von uns geben, auch wieder auf uns zurückkommt. »Wie es in den Wald hineinschallt, so schallt es auch wieder heraus.« Es sind vor allem unsere Gedanken, auf die wir achten müssen, denn sie lenken unser Leben und sind verantwortlich für unser Wohlbefinden.

Vom Buddha lernen wir, daß *Karma* das einzige ist, was uns wirklich gehört. Keiner kann uns unser *Karma* abnehmen, und auch wir können niemals das *Karma* anderer Menschen ändern. Wenn wir etwas besitzen wollen, das uns allein gehören soll, so kommen dafür nur die karmischen Resultate in Frage; dieser Körper und unsere Besitztümer sind sozusagen geborgt; auch unsere Gedanken sind ausgeliehen, denn sie verschwinden ständig und erscheinen wieder neu. Doch die karmischen Resultate kommen auf uns zurück. Wenn uns das durch unsere Untersuchung klargeworden ist, haben wir einen großen Schritt auf dem spirituellen Pfad getan, denn sicherlich beginnen wir nun, auf uns genauer aufzupassen, was der Anleitung des Buddha zur Achtsamkeit entspricht.

Achtsamkeit ist der erste der sieben Erleuchtungsfaktoren und bedeutet, sich selbst so zu beobachten, daß das Gute in uns gepflegt und gehegt wird. Genau das meint ja unser Text: das Gute soll überhandnehmen. Nach des Buddhas Erklärung sind wir alle mit sechs Wurzeln geboren, mit drei heilsamen und drei unheilsamen. Die unheilsamen Wurzeln sind Haß, Gier und Verblendung. Es sind dies Rubriken, d.h., wir müssen nicht sehr gierig oder haßerfüllt sein, um diese Wurzeln zu manifestieren. Gier bedeutet »haben wollen« und Haß »loswerden wollen«. Verblendung wiederum meint nichts anderes, als daß wir in der Illusion leben, wir seien separate Persönlichkeiten. Sie bildet die Basis für die beiden anderen Verunreinigungen.

Aber der Mensch ist auch mit drei gegenteiligen Eigenschaften ausgerüstet; mit Liebesfähigkeit, Gebefreudigkeit und Weisheit. Wir können also wählen, was wir in uns entwickeln wollen. Alles ist vorhanden, das Negative so wie das Positive. Wenn wir das Gute wählen, machen wir gutes *Karma* und bekommen gute Resultate.

Die Barmherzigkeit, die hier angesprochen wird, heißt in der Sprache des Buddha Mitgefühl. Der ferne Feind von Mitgefühl ist Grausamkeit, und der nahe Feind ist Mitleid. Mitleid ist uns nicht unbekannt, aber kennen wir auch Mitgefühl? Mitleid bedeutet, daß wir mit einem anderen Menschen »mit-leiden« und daß dann folglich keiner dem anderen helfen kann. Mitleid kann auch bedeuten, daß wir unsere Zusammengehörigkeit mit allen Wesen nicht empfinden, sondern uns eher abkapseln wollen. Zwar erkennen wir das Leid des anderen, doch sehr oft sind wir froh, daß wir es nicht selbst erleben.

Ganz anders arbeitet das Mitgefühl. Wir haben bereits unsere eigene Sterblichkeit und Schwächen erkannt und haben Mitgefühl mit uns selbst entwickelt. Daher können wir uns sofort auf die Ebene des anderen begeben, wenn wir sehen, wieviel Leid seine Schwächen, sein Anhaften und seine Sterblichkeit ihm verursachen, denn wir haben dieses Leid bereits in uns selbst gefunden. Sobald wir uns auf die Ebene des anderen begeben, können wir mitfühlen und wissen alsbald, daß es auf diesem ganzen Erdball keinen Menschen gibt, der nicht Leid erfährt. Wir glauben dann nicht mehr, unser Leid sei größer als das anderer Menschen, oder daß es durch Außenstehende verursacht würde. Auch sind wir nicht mehr der Meinung, daß das Leid auf der weltlichen Ebene vollkommen ausgemerzt werden könnte. Wenn wir uns selbst mit aller Klarheit erkennen, sehen wir auch die Welt deutlich und scharf umrissen. Was in uns zu finden ist, findet sich im ganzen Universum wieder. Am meisten interessiert uns natürlich das Menschsein, unser eigenes und das der anderen, und so wirkt sich unsere Selbsterkenntnis auf unsere zwischenmenschlichen Beziehungen aus.

Mitgefühl mit uns selbst können wir stufenweise entwickeln. Falls wir Kummer haben, fragen wir uns, woher er kommt. Er kann nur zwei Ursachen haben: Entweder bekommen wir nicht, was wir wollen, oder wir bekommen, was wir nicht wollen. So einfach ist das! Wir prüfen also, was wir eigentlich haben oder loswerden wollen. Sind unsere Wünsche wirklich wichtig genug, um durch sie immer wieder unglücklich zu werden? Versuchen wir, andere von unseren Absichten zu überzeugen oder ihnen zu erklären, wie sie Situationen handhaben sollen, oder passen wir auf uns selbst auf? Glauben wir immer noch, daß andere unser Leid verursacht haben? Jeder Bauer kennt die Logik vom Säen und Ernten. Auch wir kennen sie, weshalb glauben wir sie dann nicht und ändern unsere Gedankengänge? Wenn wir erkannt haben, daß wir nur einen einzigen Menschen ändern können, nämlich uns selbst, was schon schwierig genug ist, werden wir uns auf uns selbst besinnen. Jeder braucht täglich eine Zeit der Besinnung und Einkehr.

Unser Leid ist von uns selbst geschaffen, es ist unmöglich, daß es anders wäre. Tatsächlich ist es die Aussage der ersten und zweiten Edlen Wahrheit, die der Buddha bei seiner Erleuchtung formuliert hat. Wir können einmal unser eigenes Leid untersuchen, dabei muß es sich nicht um eine Tragödie handeln, sondern wir brauchen nur unser Erleben während eines Tages zu befragen. Sind wir unerfüllt, unzufrieden, ablehnend, oder fühlen wir uns erfüllt, befriedigt, zufrieden? Empfinden wir inneren Frieden, oder versuchen wir uns abzulenken, unserem *Dukkha* zu entfliehen? Fluchtwege gibt es unzählige. Wir brauchen nur auf einen Knopf zu drücken, einen Hörer hochzuheben oder ein Buch aufzuschlagen. Die Möglichkeiten, die unsere technische Gesellschaft heute zur Verfügung stellt, sind äußerst beliebt. Es ist nicht so, daß wir sie nicht benutzen sollten, doch wir sollten wissen, warum wir es tun. Können wir unsere Unzufriedenheit, Unerfülltheit, unsere Suche nach etwas Höherem, nach einem Ideal erkennen? Können wir dann das menschliche Leid nachempfinden und Mitgefühl mit jeglichen Schwächen, Ablehnungen und Negativitäten haben? Wenn wahres Mitgefühl mit uns selbst hochkommt, sehen wir ganz deutlich, daß jeder genau das gleiche erleidet, nur anders benennt. Manchmal heißt es Angst vor dem Alter, vor Krankheit, vor dem Tod oder vor der Dunkelheit. Manchmal heißt das Leid Streß oder Ablehnung. Wenn wir wissen, daß jeder aufgrund derselben Ursachen eine Form von Leid erfährt, dann fühlen wir uns mit allen Wesen verbunden und können nicht nur mit jenen mitfühlen, die eine Tragödie erleben, sondern mit jedem, der lebt.

Wir können die erste Edle Wahrheit jederzeit nachvollziehen, daß nämlich Existenz Dukkha bedeutet. Wenn uns das einmal klargeworden ist, und wir jeden mit einem mitfühlenden Herzen betrachten, dann haben wir eine innere Stärke gewonnen, die uns unter allen Umständen begleitet, auch gerade im Alltag mit all seinen oft unerfreulichen Begebenheiten. Wenn uns Mitgefühl erfüllt, zählt nicht mehr, was auf uns zukommt. Barmherzigkeit oder Mitgefühl geben uns eine innere Kraft, die uns auch bei größerem Kummer immer wieder den Weg hinaus aus dem Weltlichen weist. Dadurch wird der Pfad der Transzendenz eindeutiger, und wir kommen seiner Verwirklichung näher.

»Selig, die reinen Herzens sind, denn sie werden Gott schauen.«
Matthäus (5, 8)

Auch dieser Satz ist nicht leicht zu verstehen. Gott schauen bedeutet nicht, Visionen zu haben. Vielmehr sind wir aufgefordert, unser Herz zu läutern, so daß die Gotteserfahrung, bedingt durch das Aufgeben der Ichbezogenheit, uns anfüllen kann. Die Reinheit des Herzens ermöglicht es uns, das höchste Ideal der Transzendenz zu erleben.

Die Lehre des Buddha wird oft auch »der Pfad der Läuterung« genannt, was sich auf Herz und Geist bezieht. Unser Text hat das Herz angesprochen. In Pali, der

Sprache des Buddha, heißt Geist *»citta«,* was zugleich auch Herz bedeutet. In unserer Sprache empfiehlt sich die Verwendung beider Worte. Das reine Herz wird vom Buddha mit vier Emotionen gleichgesetzt, die die göttlichen Verweilungsstätten genannt werden.

Wir sehen schon jetzt, wie nahe sich die Religionen sind, und wie es auch niemals anders sein kann. Die Menschlichkeit in uns ist die gleiche, und die Sehnsucht nach dem höchsten Ideal hat sich seit 2500 Jahren nicht verändert, war im Altertum dieselbe wie sie in der Zukunft sein wird. Diejenigen, die diese Sehnsucht und Menschlichkeit in uns erkannt haben, sind die großen Religionslehrer, die uns alle das gleiche gesagt haben. Wir hören nur nicht gut, auch wenn unsere Hörfähigkeit vollkommen in Ordnung ist. Kleine Kinder hören oft nicht zu und gehorchen auch nicht. In den Augen des Buddha sind wir alle kleine Kinder, gleichgültig welches Alter wir haben. Diese Sichtweise akzeptieren zu können, setzt Demut voraus, eine Eigenschaft, die wir auf dem spirituellen Pfad brauchen.

Die vier göttlichen Verweilungsstätten haben nichts mit Visionen oder Glauben zu tun. Sie handeln einzig und allein von der Läuterung des Herzens. Dann können wir im göttlichen Bewußtsein verweilen oder das Paradies auf Erden erleben. Die Menschheit hat seit vielen Jahrhunderten immer wieder solche Worte benutzt, aber sie nicht in sich verwirklicht. »Gott schauen« bedeutet, das Göttliche in uns durch unser inneres

Auge zu erleben. Außerdem bedeutet es, das Weltliche zurückzustellen und sich dem Überweltlichen, dem Spirituellen, hinzugeben. Gotteserfahrung ist Innenschau. Das reine Herz, das hier angesprochen wird, ist mit den ersten drei der vier göttlichen Verweilungsstätten des Buddha identisch. Es sind dies »bedingungslose Liebe«, »Mitgefühl« und »Mitfreude«. Dies sind die Läuterungswege, die eines Tages die vierte Verweilungsstätte, den Gleichmut, ermöglichen. Wenn dieser zur Entfaltung gebracht wurde, können uns Kummer, Leid, Aufregung und Begierden nicht mehr berühren.

Herzensreinheit bedeutet, unsere Liebesfähigkeit so zu entwickeln, daß wir uns von den unliebsamen Eigenschaften anderer in keiner Weise beeinflussen lassen. Auf diesem Übungsweg lernen wir, unsere unheilsamen Emotionen mit dem Gegenteil zu ersetzen. Wir passen also nicht nur auf unseren Geist auf, um uns über unsere Absichten klar zu werden, sondern wir geben auch auf unsere Emotionen acht. Was empfinde ich für diesen Menschen? Was kommen für Emotionen in mir hoch? Wir möchten unsere Gefühle vielleicht gar nicht aussprechen, doch sie sind sicherlich wahrnehmbar, vor allem in unserem Benehmen. Sie können so stark sein, daß sie sich dem anderen wortlos mitteilen. Wir haben das alle schon erlebt, entweder als Empfänger oder als Geber. Wenn wir durch Innenschau Mitgefühl mit uns selbst entwikkeln, können wir auch akzeptieren, daß unser Herz nicht rein ist. Es wird oft von Negativitäten geplagt, wie Ablehnung, Widerwillen, skeptischem Zweifel oder Stolz, Ärger, Trotz und Dünkel. Jeder hat sein besonderes Steckenpferd, das auch gleichzeitig die Rechtfertigung für Schuldzuweisungen liefert.

Hier wiederholt sich dasselbe Muster wie bei unseren Gedanken. Wenn wir nicht glauben, daß wir das, was wir säen, auch ernten, dann übernehmen wir noch keine Selbstverantwortung. Erst wenn uns das wirklich klar ist, merken wir unwiderruflich, daß kein anderer an irgend etwas schuld sein kann. Jeder leidet genau wie wir, sucht sein inneres Glück, ist von Sehnsucht erfüllt wie wir.

Reinen Herzens werden, heißt bedingungslose Liebe üben! Da der Tag 24 Stunden hat, von denen wir ungefähr sieben Stunden schlafen, so verbleiben uns täglich 17 Stunden, um unser Herz in Liebe zu öffnen. Wir sind von morgens bis abends mit unseren Gefühlen behaftet, obwohl wir glauben, daß wir meistens mit Denken beschäftigt sind. Unsere Gefühle sind jedoch viel ausschlaggebender, denn unsere Gedanken sind oftmals Reaktionen auf unsere Gefühle. Wenn wir diese durch Selbstbeobachtung kennenlernen, können wir Klarblick bekommen, was wir im täglichen Leben tun müssen, um mehr zur Kultivierung unserer Läuterung beizutragen. Jeder Mensch, dem wir begegnen, ist ein Übungsfeld für unsere Herzensreinheit. Wir sind auf dem spirituellen Pfad, wenn wir geben und nicht nehmen oder bekommen wollen. Wir wollen Liebe und Mitgefühl verschenken, und das ist der ausschlaggebende Unterschied zwischen der weltlichen und der spirituellen Ebene. Im Alltagsbewußtsein wollen wir etwas haben und behalten, auf der spirituellen Ebene wollen wir uns hingeben und nicht behaupten. Das setzt voraus, daß wir unsere tiefsten und dringlichsten Anliegen untersuchen. Sind wir dabei, Geld, Besitz, Anerkennung oder auch Liebe haben zu wollen? Vielleicht möchten wir, daß uns jemand zuhört oder glaubt, daß wir sehr viel wissen. Wir alle haben unendlich viele Schätze in unserem Herzen. Doch sie sind vergraben und unsichtbar, wenn wir sie nicht an das Tageslicht bringen. Nicht nur, daß wir mit ihnen geizen, meistens wissen wir gar nicht, daß wir sie haben. Manchmal holen wir sie zu ganz bestimmten Gelegenheiten heraus; zeigen etwa unsere Liebe nur dann, wenn wir glauben, daß wir auch geliebt werden. Unsere Herzensschätze wachsen, je mehr wir sie benutzen. Sie können nicht abgenutzt werden. Diamanten nutzen sich auch nicht ab. Sie sind nur beglückend, wenn wir sehen können, wie sie strahlen. Liegen sie von Watte umhüllt in einem Banktresor, hat keiner etwas von ihnen. Unsere inneren Schätze sind ganz leicht zu finden, wenn wir auf unser Herz achtgeben und uns auf Liebe, Mitgefühl und Mitfreude so oft wie möglich besinnen und sie freigebig verschenken.

Sehr häufig fehlt uns der Mut, dieses herrliche Geschenk darzubieten. Je mehr wir uns selbst kennenlernen, desto weniger Angst werden wir haben, weil wir erkennen, daß jeder ist wie wir. »Ich« und »Du« sind Konventionen, aber keine absoluten Wahrheiten. Die Angst, nicht anerkannt, nicht geliebt, nicht verstanden zu werden, beruht, wie alle Ängste, auf unserer Todesangst. Der Tod ist uns jedoch gewiß. Weshalb sollten wir also Angst vor ihm haben? Haben wir Angst vor dem Winter? Der ist uns ja auch jedes Jahr gewiß. Haben wir Angst vor dem nächsten Morgen? Auch der kommt ganz sicher. Weshalb haben wir also Angst vor dem Wechselspiel von Leben und Tod? Sie folgen aufeinander wie die Jahreszeiten.

Es ist ein schönes Ziel, so zu leben, daß wir schon zu Lebzeiten den Himmel auf Erden erleben können, statt uns der Hoffnung auf eine unbestimmte Zukunft hinzugeben. Dieses Erleben ist mit einem reinen Herzen möglich, wie es uns hier gezeigt wird, und wie es uns auch der Buddha erklärt hat. Der Buddha hat auch die Feinde der reinen Liebe verdeutlicht. Der Haß wird als ferner Feind bezeichnet, und das Anhaften als der nahe Feind. Haß ist das absolute Gegenteil von Liebe und wird daher als »fern« beschrieben, wogegen Anhaften und Anhänglichkeit nicht nur der Liebe »näher« kommen, sondern sogar mit ihr verwechselt werden. Je mehr wir an irgend jemandem anhaften oder an Ansichten festhalten, desto mehr begrenzen wir unsere Herzensfähigkeit, und es wird uns immer weniger möglich, bedingungslose und unpersönliche Liebe zu entwickeln. Je weniger Anhänglichkeit in uns vorhanden ist, desto weiter können wir unser Herz öffnen. Deshalb ist es wichtig zu lernen, an unseren liebsten Menschen nicht anzuhaften und unsere Angst vor ihrem Verlust zu überwinden.

Wenn wir das Wissen um unsere Sterblichkeit in unsere Gefühle integriert und ganz akzeptiert haben, haften wir nicht mehr so stark an uns selbst an und unterstützen dadurch unsere Fähigkeit zu lieben. Wir können die bedingungslose, unpersönliche Liebe im täglichen Leben ständig üben; wir müssen nur unsere negativen Stimmungen und Regungen ehrlich erkennen und nicht über sie hinweggehen oder glauben, daß sie durch irgendeinen äußeren Grund berechtigt seien.

Wir können die Reinheit des Herzens mit der äußeren Sauberkeit vergleichen, auf die wir alle großen Wert legen. Wir waschen uns täglich, desgleichen unsere Kleidung, reinigen unsere Fußböden, Badezimmer und die Küche. Wir säubern alles, womit wir irgendwie in Berührung kommen. In manchen Fällen wird sogar peinlich genau vorgegangen, wie beispielsweise bei Ärzten und in Krankenhäusern. Alles soll sauber sein, nur unser Herz vergessen wir, dabei ist unser spirituelles Herz der Mittelpunkt unseres Lebens, aus dem alles entspringt. Wir sollten dessen Läuterung an erste Stelle setzen.

Es gibt viele Möglichkeiten der Herzensläuterung, denen wir täglich, in jedem Moment, begegnen. Die Ergebnisse sind sofort spürbar, denn reine Liebe können wir »das Göttliche« nennen. Auch der Buddha hat diese Bezeichnung verwendet. Die göttlichen Verweilungsstätten sind ein Aufenthaltsort für unser Gemüt. Wenn wir uns darüber klarwerden, daß Liebe die wertvollste Fähigkeit unseres Herzens ist, dann werden wir versuchen, sie so zu entwickeln, daß sie uns ständig begleitet. Dann brauchen wir niemanden zu suchen, der uns liebt, denn wir empfinden die Liebe in uns selbst. Wir benötigen niemanden, der liebenswert ist, denn alle Wesen sind uns gleich lieb. Jeder empfindet Leid, hat Sehnsucht, ist unerfüllt, aber kann dennoch lieben und geliebt werden. Unsere Schwierigkeit liegt in unserer Vergeßlichkeit. Wir meinen immer, daß die Dinge, die wir zu erledigen haben, am wichtigsten sind. Doch bei allen Verpflichtungen können wir gleichzeitig die bedingungslose Liebe üben; das eine schließt das andere nicht aus. Im Gegenteil, alles geht viel besser, wenn es mit Liebe getan wird.

V
Die Friedfertigen

»Selig sind die Friedenstifter (Friedfertigen), denn sie werden Söhne Gottes genannt werden.«

Matthäus (5, 9)

Vielleicht dürfen wir dieses Zitat mit »Töchter Gottes« ergänzen. Häufig ist die Idee aufgetreten, daß es nur einen Sohn Gottes gibt, was uns derartig begrenzt, daß wir nicht die ganze Schöpfung umarmen können. Das ist hier bestimmt nicht gemeint. Wenn wir unsere eigene innere Erfahrung zu Hilfe ziehen, kommen wir zu anderen Einsichten.

Da ergibt sich als erstes die Frage: Was ist Gott, oder was glaube ich, was Gott sei? Wenn wir dem Gottesbegriff Begrenzungen oder Einschränkungen auferlegen, uns etwa einen persönlichen Gott vorstellen oder ihn vielleicht logisch erklären wollen, so können wir der Wahrheit nicht nahekommen. Wir können höchstens solche Worte verwenden, die unser Bewußtsein zu einer Gotteserfahrung hinführen sollen. Gott ist im Prinzip unsere wahre Natur, und jeder von uns ist Sohn oder Tochter Gottes. Wir sind uns darüber nur nicht im klaren, weil wir das Göttliche in uns noch nicht erkannt haben. Meister Eckhart nennt es den »göttlichen Funken«, der Buddha nennt es den »Samen der Erleuchtung«.

Worte sind Konzepte, aber um uns auf dem Weg der Spiritualität weiterzuhelfen, ist es nützlich, einen gewissen Leitfaden zu haben, der nur in Worten ausgedrückt werden kann. Unsere wahre Natur ist vollkommen unpersönlich. Da ist keiner, der »Ich« oder »Du« heißt, und auch niemand, der Buddha oder Jesus war. Alles sind Manifestationen, die göttliche Natur jedoch ist allumfassend. Sie transzendiert alles, was wir mit unseren Sinnen erfassen können, inklusive dem Denken. Wir können die göttliche Natur in uns selbst und der ganzen Schöpfung niemals erdenken, aber wir können sie erleben.

Um dieses Erlebnis zu haben, müssen wir meditieren. Immer wieder gibt es einige Menschen auf der Welt, die spontan eine solche Erfahrung machen, ohne sich intensiv der Meditation hinzugeben. Das ist aber nur wenigen Menschen beschieden. Wenn wir darauf warten und hoffen, könnten wir leicht das höchste Glück in diesem Leben verpassen. Es ist besser, wir bemühen uns schon jetzt um unser Geistestraining.

In der Meditation ist ein allumfassendes, transzendentales Bewußtsein ohne jede persönliche Natur erlebbar. Ob wir das Gott, die meditativen Vertiefungen oder Nibbāna nennen, ist ohne Belang. In den verschiedenen religiösen Richtungen hat es viele Namen. Shakespeare sagte: »Was bedeutet schon ein Name?« Wir alle können unseren Namen in einem Leben mehrere Male ändern. Der Name ist nichts, das Erleben ist alles.

Sohn oder Tochter Gottes zu sein, ist immer für uns erlebbar, weil wir ja die göttliche Natur in uns tragen. Haben wir dank der Meditation das Gefühl der Gottesnähe erfahren, ist es ein strahlendes und vollkommen unbeeinträchtigtes Erlebnis. Wie wir es dann benennen, ist gleichgültig; die Hauptsache ist unser Wissen, daß dieses Potential in jedem Menschen schlummert. Dieses Wissen gibt uns ein Gefühl der Zusammengehörigkeit mit allen Wesen und bewahrt uns vor Überheblichkeit oder Minderwertigkeitsgefühlen. Wir werden Schwierigkeiten und Probleme des Menschseins akzeptieren können, weil wir eine übermenschliche Ebene schon kennengelernt haben. Der Buddha hat es *Nibbāna* genannt, und die meditativen Vertiefungen geben uns einen Vorgeschmack. Jesus hat es als »Söhne Gottes« bezeichnet und gesagt, die Friedfertigen könnten diese Wahrheit erleben.

Was bedeutet es wirklich, friedfertig zu sein? Die meisten Menschen reden sich ein, sie seien friedfertig, aber das hält meistens nur so lange an, wie es dem bösen Nachbarn auch gefällt. Wenn das nicht mehr der Fall sein sollte, ist es mit der eigenen Friedfertigkeit oft zu Ende. Wahrer Frieden ist etwas anderes.

»Frieden auf Erden und den Menschen ein Wohlgefallen ...« ist ein bekannter Ausspruch. Ohne Übertreibung darf behauptet werden, daß dieser Wunsch noch niemals in Erfüllung gegangen ist. Weshalb hat die Menschheit den Wunsch, aber nicht die Fähigkeit, ihn umzusetzen? Es gibt wohl kaum einen Menschen, der Frieden nicht für erstrebenswert hielte. Dabei ist wohl die größte Schwierigkeit, daß uns noch nie ganz klargeworden ist, daß nur unsere eigene Gemütsstimmung den Ausschlag gibt, wie wir unsere Umwelt beeinflussen und verändern. Unsere Sprache gibt uns da auch einen wichtigen Hinweis: »zufrieden« bedeutet, »zum Frieden« zu kommen.

Wenn wir uns der Meditation mit Geduld und Ausdauer widmen, wird uns eines Tages eine Bewußtseinsebene zugänglich sein, in der tiefe Zufriedenheit durch Wunschlosigkeit entstanden ist. Durch dieses persönliche Erlebnis lernen wir mühelos, daß Frieden nur existieren kann, wenn alle Wünsche aufhören.

Was wünschen wir uns eigentlich? Es sind im allgemeinen keine Riesenwünsche, die unser Herz bewegen. Meistens bestehen unsere Wünsche daraus, daß wir die Dinge nicht so akzeptieren wollen, wie sie sind, sondern sie lieber anders hätten. Manchmal handelt es sich um einen oder auch um viele Menschen, die anders sein sollten; manchmal handelt es sich nur um uns selbst, oftmals um die politischen, weltlichen Ereignisse. Solange sich der Geist damit beschäftigt, welche Änderungen vorzunehmen sind, gibt es keinen Frieden. Es ist uns wohl klar, daß das weltliche Geschehen nicht perfekt ist. Aber wenn wir uns dagegen auflehnen und uns wünschen, es solle anders sein, hat das wenig Sinn. Sinnvoll und produktiv ist nur, uns selbst zu ändern, Frieden zu schließen und Gleichmut zu üben. Wenn wir uns damit abgefunden haben, daß auf der weltlichen Ebene kein Idealzustand zu finden ist, der länger als einen Moment anhält, ist dies unser erster Schritt, zum Friedenstifter zu werden. Wir können uns noch so anstrengen, in der Welt das Beste und Schönste zu finden, letztendlich ist alles vergänglich. Die weltliche Ebene ist nicht dazu geeignet, etwas Perfektes hervorzubringen, weil alle Ansichten und Meinungen der Menschen auf der Ich-Illusion aufgebaut sind. Wenn wir akzeptiert haben, daß diese Ebene der sinnlichen Befriedigung immer Mangelerscheinungen hervorruft, dann werden wir die Dringlichkeit des spirituellen Wachstums empfinden. Dadurch kommen wir dem Erkennen näher, daß nur in der vollkommenen Hingabe und Auflösung der eigenen Persönlichkeit die Möglichkeit des Perfektseins existiert.

Gleichmut hat der Buddha als die höchste aller Emotionen bezeichnet. Wir dürfen dabei jedoch nicht unsere Gefühle unterdrücken, sondern müssen erkennen, daß Gleichmut und innerer Frieden dasselbe bedeuten. Solange wir keinen Gleichmut in uns erlangt haben, haben wir noch keinen Frieden geschlossen. Immer werden wir etwas finden, was wir entweder ablehnen oder haben wollen.

Daher hat der Buddha uns einen Übungsweg erschlossen, der uns diese Gemütsstimmung ermöglicht. Auf diese Weise lernen wir Friedenstifter zu sein, so daß wir auch unserer Umwelt Frieden bringen. Je mehr

Menschen auf der Welt in sich Frieden finden, umso mehr Frieden können wir in der Gesamtheit erleben.

Der Buddha hat den Übungspfad die »fünf edlen Mächte« genannt. Beim ersten Schritt erkennen wir in dem, was uns unangenehm erscheint, und was wir ablehnen, auch das Annehmbare und Liebenswerte. So verschaffen wir uns Harmonie im Geist, weil wir in allem, was wir nicht mögen, auch das erkennen, was wertvoll ist. Natürlich handelt es sich dabei zum größten Teil um Menschen und ihre Eigenheiten, aber es betrifft auch alle Ereignisse in unserem Leben, ob groß oder klein. Wertvoll ist beispielsweise die Lernsituation, die sich aus unserer Ablehnung entwickelt. Wir lernen, unsere negativen Reaktionen zu erkennen und zu ändern. Ferner wird uns das universelle *Dukkha* klar vor Augen geführt, wenn wir mit Kritik oder Beschuldigungen zu tun bekommen, und wir sehen, daß wir den gleichen Kummer wie andere haben.

Die zweite Anweisung empfiehlt uns, in dem, was wir für angenehm, liebenswert und wünschenswert halten, auch das Unangenehme und Nicht-Wünschenswerte zu erkennen. Hier besteht die Schwierigkeit darin, daß wir das Angenehme behalten und wiederhaben wollen. Anhaften ist immer mit Angst vor Verlust verbunden und kann uns nie zum Frieden verhelfen, denn diese beiden Gefühle sind Gegensätze. Wenn wir uns von dieser Angst befreien und Frieden in uns schaffen wollen, müssen wir in allem, was angenehm und wünschenswert ist, die Vergänglichkeit erkennen. Dadurch wird uns sicherlich schnell klar, daß wir nichts behalten können, weder uns selbst, noch einen anderen Menschen, eine Situation, ein Gefühl oder eine Idee. Alles, was wir in dieser Welt besitzen, darf als geborgt bezeichnet werden. Sobald wir tot sind, gehört es jemand anderem. Auch unser Körper ist geborgt und zerfällt zu Staub. Jeder weiß das, nur hören es die meisten Menschen nicht gern. Aber wir können daran gewiß nichts ändern, auch wenn wir es nicht hören wollen. Jeder Gedanke und jedes Gefühl löst sich auf und ist nicht festzuhalten.

Bei allem Angenehmen und Wünschenswerten benutzen wir die Vergänglichkeit als unseren Lehrmeister. Nichts ist zu finden, was wir fest anpacken können. Beim Unangenehmen und dem Nicht-Wünschenswerten können wir erkennen, daß es in jedem Menschenleben vorkommt. Da wir fortwährend etwas gern oder nicht gern haben, leben wir ständig in einer gewissen inneren Erregung, die uns anspornt, das Unangenehme abzulehnen und das Angenehme zu behalten. Es ist unmöglich, gleichzeitig Frieden im Herzen zu empfinden. Da jeder von uns so lebt, herrscht kein Frieden auf der Welt. Haben wir aber Gleichmut in uns entdeckt, so sehen wir unsere wahre Natur, die weit über das Menschliche hinausreicht und sich nicht von dem, was wir gern oder nicht gern haben, berühren läßt.

Die erste Übung hilft uns, den Haß zu vermindern,

und die zweite arbeitet gegen die Gier. Wenn wir anderen Menschen helfen können, so sollen wir das immer tun. Auf der weltlichen Ebene ist stets irgend etwas nicht in Ordnung; dennoch können wir nur Friedenstifter werden, wenn wir aufhören, das Unangenehme abzulehnen und das Angenehme festhalten zu wollen.

Die dritte und vierte von den edlen Mächten stellen Wiederholungen dar. Der Buddha hat in seinen Lehrreden vieles wiederholt, weil er wußte, daß wir wohl hören, aber nicht zuhören. Die nächsten beiden Schritte auf diesem Übungspfad sind, sowohl im Angenehmen als auch im Unangenehmen, beide Seiten zu erkennen, so daß die Harmonie des Geistes nicht gestört wird, und Unfrieden sich erst gar nicht entwickeln kann.

Der fünfte Schritt ist das Ziel und auch das Resultat der Erleuchtung. Wenn die Regungen und Erregungen des Begehrens und des Ablehnens beendet sind, entsteht vollkommener Gleichmut. Unser Pfad zum inneren Frieden führt zum Erkennen von der beiderseitigen Wahrheit von allem, was uns berührt. Diese Erkenntnis hilft uns auch, objektiver zu werden und uns nicht mehr total mit unserem Kummer oder unserer Begierde zu identifizieren. Wenn wir die Regungen im Geist beobachten können, brauchen wir nicht unter ihnen zu leiden. Durch diese Vorgänge wird uns vielleicht deutlich, daß unser ganzes Leben sozusagen eine ganztägige Fortbildungsschule ist. Aus allen

Geschehnissen können wir etwas lernen, sogar von dem Stein, an dem wir uns stoßen und uns dann ärgern, daß wir ungeschickt waren, oder daß der Stein im Weg lag.

Frieden bringt die innere Ruhe, die wir auch in der Meditation anstreben. Meditationszeiten sind jedoch begrenzt, so daß allein die Ruhe und der Frieden der Meditation nicht genügen. Wir müssen die hier angesprochene Einsicht, daß alles immer zwei Seiten hat, so in uns verankern, daß wir sie immer nutzen können. Wenn wir uns über andere Menschen ärgern, weil sie uns widersprechen oder blockieren, können wir uns erinnern, daß jeder Mensch den »göttlichen Funken«, den »Samen der Erleuchtung«, den inneren Frieden in sich trägt und die gleiche Sehnsucht danach verspürt.

Unsere wichtigste Arbeit in diesem Leben besteht darin, dieses Juwel in uns selbst zu finden. Sobald wir es entdeckt haben, wissen wir, was uns bis jetzt davon abgehalten hat, diesen inneren Reichtum zu erkennen. Dann können wir anderen nicht nur eine große Hilfe sein, sondern wir haben auch volles Verständnis für deren Schwierigkeiten, weil wir die gleichen erlebt haben.

»Selig sind die Friedenstifter« wird häufig darum falsch ausgelegt, weil wir unsere negativen Reaktionen als gerechtfertigt empfinden. Auf dem Übungsweg brauchen wir genügend Willenskraft, unseren Charakter immer wieder zu stärken und zu läutern.

Die Entscheidung und der Entschluß allein genügen nicht. Die Willenskraft ist der Motor, der den Entschluß antreibt und laufend unterstützt und uns hilft, unsere Emotionen zu erkennen und die unheilsamen mit dem Gegenteil zu ersetzen. Hier ist die Rede von zwei Arten der Reaktion, die geändert werden sollen. Einmal sind unsere Ablehnungen und unser Widerwillen gemeint, was jedoch nicht heißen soll, daß wir nichts Schlechtes mehr wahrnehmen, sondern versuchen wollen, den Widerwillen dagegen abzulegen. Ersetzen mit dem Gegenteil bedeutet dann, Mitgefühl für den betreffenden Menschen zu empfinden, statt ihn zu verurteilen.

Die zweite Art der Reaktion sind unsere Begierden. Wir verstehen, daß unsere erfüllten Wünsche auch nicht Ruhe und Frieden bringen, sondern daß wir unsere Unzufriedenheit mit dem Erkennen der Vergänglichkeit ersetzen müssen. Das Erkennen und Ersetzen unserer Emotionen bewirkt eine Änderung unseres Innenlebens, die zur Reinheit des Herzens führt. Achtsamkeit, d.h. auf uns selbst aufpassen, ist eine notwendige Vorbedingung dieses Weges der Läuterung. Die Meditation hilft uns zwar, unsere Achtsamkeit zu schärfen, aber auch das genügt nicht, wenn wir sie im Alltag vergessen. Eines Tages wird diese innere Haltung so selbstverständlich, daß sie uns auf natürlichste Weise ständig begleitet.

Gleichmut bedeutet auch innere Balance und Harmonie. Wir akzeptieren die Menschlichkeit in uns und anderen und sehen, daß wir alle mit denselben Schwierigkeiten und Problemen behaftet sind. Nichts anderes als die göttliche Natur in uns kann uns helfen, das transzendentale Bewußtsein durch Läuterung und meditative Konzentration zu erwecken. Am Anfang scheint beides mit viel Mühe verbunden, mit der Zeit wird dieser Weg zur Gewohnheit. Wenn die Konzentration einspitzig genug ist, wird die Meditation als ein natürliches Fließen des Bewußtseins erlebt. Dennoch muß auch dann die Läuterung im Alltag immer weiter geübt werden.

Frieden zu erleben bedeutet, Frieden zu schließen. Wenn wir daran interessiert sind, der Menschheit zu helfen, so könnten wir gar nichts Besseres tun, als durch unseren inneren Frieden zum Frieden in der Welt beizutragen. Innerer Frieden ist kein bloßes Wort oder nur eine Idee, sondern ein erlebtes Gefühl der Ruhe und Erfüllung. In diesem Zusammenhang sei kurz auf den eigenen Tod hingewiesen. Auf einer verbalen, mentalen Ebene können wir uns einreden, wir hätten nichts gegen unseren eigenen Tod einzuwenden, sondern wollen nur, daß die Menschen, die uns nahestehen, nicht sterben. Auf der Gefühlsebene jedoch müssen wir mit unserem Tod so vertraut werden, daß wir sein jederzeitiges Eintreten akzeptieren können. Ansonsten leben wir immer mit Angst, denn wir wissen alle, daß der Tod nicht aufzuhalten ist. Angst bringt Unruhe in unser Gemüt und verhindert wahre Friedfertigkeit.

Wir können vielleicht daraus ersehen, daß dieser kurze Vers »selig sind die Friedenstifter, denn sie werden Söhne Gottes heißen« sehr viel Arbeit bedeutet. Es ist jedoch die beste und wertvollste Arbeit, die wir je leisten können, und es gibt nichts, was größeren Gewinn bringen könnte.

Die nächste Zeile lautet:

»Selig sind die, die um der Gerechtigkeit willen verfolgt werden, denn ihrer ist das Himmelreich.«

Matthäus (5, 10)

Das Wort Gerechtigkeit kommt im Neuen Testament oft vor, und zwar darum, weil Jesus aus der jüdischen Tradition stammte, die von zehn Gerechten, also weisen Männern, spricht, die diese Welt in Balance halten. Es soll demnach immer zehn weise Menschen geben, die der Menschheit zu Harmonie verhelfen. Wir tragen also zur Friedfertigkeit, die die Welt dringend braucht, bei, wenn Gerechtigkeit uns anfüllt. Andererseits verstärken unsere Ängste den Unfrieden, die Disharmonie.

Was bedeutet »gerecht« für uns? Wir denken dabei an: aufrecht, aufrichtig, wahrheitsgetreu, verantwortungsbewußt, nicht schmeicheln oder heucheln, nicht den eigenen Vorteil suchen. Ein gerechter Mensch ist so in sich gefestigt, daß er sich nicht leicht beeinflussen läßt. Der Buddha hat acht weltliche Phänomene *(Dhammas)* erklärt, die uns ständig beschäftigen.

Erst wenn wir auf sie nicht mehr reagieren, können wir den inneren, himmlischen Reichtum erleben, der durch die Worte »denn ihrer ist das Himmelreich« ausgedrückt wird.

Sicherlich glauben wir schon lange nicht mehr, daß das Himmelreich dort oben in den Wolken zu finden ist. Es ist jederzeit erlebbar, daß wir das Himmelreich in unserem Herzen tragen, wir brauchen nur all das auszuräumen, wodurch es verdeckt wird. Wenn wir von unserem Anhaften loslassen, offenbart sich uns der göttliche Funken.

Die acht *Dhammas* sind acht weltliche Erscheinungen, von denen die ersten beiden Lob und Tadel sind. Selbstverständlich lieben wir das Lob und hassen den Tadel. Solange wir auf diese Weise reagieren, kommen wir nicht zur Ruhe. Oft bleibt einfach das erwartete Lob aus, oder es trifft uns der unerwünschte Tadel. Dann fällt unser Ego in sich zusammen, und wir glauben, uns in Zukunft mehr behaupten zu müssen. Kommt allerdings Lob, sind wir hocherfreut und denken, daß wir nun wirklich etwas mehr wert seien. Zu glauben, daß das Lob eines anderen uns ein wertvolleres Selbst einbringt, ist absurd; der Selbstwert wird dabei wie Handelsware auf dem Marktplatz versteigert.

Wenn ein Mensch gerecht ist, läßt er sich weder von Lob noch von Tadel beeinflussen. Wahrheitsgetreu, aufrichtig, verantwortungsbewußt, niemals auf der Suche nach dem eigenen Vorteil, weiß er, daß er sein

Bestes getan hat. Wenn wir dies zutiefst empfinden, dann erwarten wir kein Lob und sind auch nicht über Tadel entsetzt. Wir wissen, daß beide in dieser Welt zu finden sind und auf der Illusion einer Persönlichkeit beruhen, so daß durch sie nur die relative Wahrheit berührt werden kann.

Ein gerechter Mensch läßt sich daher zu keinerlei Reaktion auf diese beiden weltlichen *Dhammas* verleiten. Prüfen wir einmal, ob wir mit Lob und Tadel in dieser Weise umgehen können, ob wir ohne jegliche innere Erregung beides akzeptieren können. Wir erkennen dann, ob wir auf dem Weg zu Gleichmut, Friedfertigkeit und Gerechtigkeit sind oder noch weit davon entfernt. Manchmal führt es so weit, daß wir dem Menschen, der uns tadelt, unbedingt aus dem Weg gehen wollen, weil wir glauben, daß unser Unglück an ihm liegt. Dies kann zu vielen Schwierigkeiten und Streitereien führen.

Die nächsten beiden Phänomene, mit denen wir ständig zu tun haben, sind Gewinn und Verlust. Wir wollen das eine und lehnen das andere ab. Auf der materiellen Ebene wollen wir immer etwas bekommen, beispielsweise Geld, Ruhm, Anerkennung, Annehmlichkeiten, Komfort, Ablenkungen, oder was immer uns in den Sinn kommt. Auf keinen Fall wollen wir davon etwas verlieren oder hergeben. Auf der spirituellen Ebene verschieben sich diese Werte. Da hört die Sucht, mehr zu bekommen, mehr sein oder werden zu wollen, auf, und wir beginnen loszulassen. Wenn wir in uns die Schlacken, die den göttlichen Funken verdecken, loslassen, können wir unsere vollkommen reine, strahlende Natur erkennen, die nicht verlangt oder ablehnt, sondern nur in sich ruht. Solange Gewinn und Verlust für uns bedeutsam sind, halten uns unsere Reaktionen von diesem Erleben fern.

Auf dem Weg, den der Buddha beschreibt, gibt es zehn Tugenden, die in uns zu entwickeln sind, um die innere Reinheit zu erlangen. Eine davon, die hier auch angesprochen wird, ist Wahrheitstreue, die nicht nur das Gegenteil vom Lügen bedeutet. Sie bezieht sich auch darauf, die tiefste Wahrheit in allem zu erkennen. So können wir uns immer wieder vor Augen halten, daß auf der menschlichen Ebene die tieferen Wahrheiten verschleiert bleiben, solange wir mit der Suche nach dem Angenehmen und dem Ablehnen des Unangenehmen behaftet sind, und nicht erkennen, daß wir dadurch nur in Unruhe geraten.

Das Erkennen der tieferen Wahrheiten bringt mit sich, daß wir nicht mehr den eigenen Vorteil suchen. Dann ist es ganz einfach, weder auf Lob noch auf Tadel oder auf Gewinn und Verlust zu reagieren, sondern sie lediglich als weltliche Ereignisse anzusehen.

Die zweite wichtige Tugend ist die Entsagung. Wir entsagen im Verlauf des Läuterungsprozesses dem Wunsch nach Haben, Werden und Behalten und geben uns dem Loslassen hin. Am Anfang ist das Loslassen schwierig, weil uns alles andere wichtiger erscheint als die Suche nach dem inneren Frieden. Es geht dabei nicht nur um Besitztum, sondern häufig um zwischenmenschliche Beziehungen oder Situationen, in denen wir uns befinden. Sobald aber unsere innere Ruhe allen Belastungen standhalten kann, merken wir, wo unser Reichtum wirklich zu finden ist. Die nächsten zwei weltlichen *Dhammas* sind Ruhm und Verleumdung oder Anerkennung und Verachtung. Das ist bei vielen Menschen ein ganz schwieriger Punkt, weil sie ständig von anderen bestätigt werden wollen. Wenn wir aber zutiefst wissen, daß wir aufrichtig, wahrheitsgetreu und selbstlos gehandelt haben und nicht unseren eigenen Vorteil gesucht haben, verlangen wir nicht nach Bestätigung durch andere. Solange wir noch auf der Suche nach Anerkennung sind, stehen wir in einem Abhängigkeitsverhältnis, das höchst unangenehm ist. Der Buddha hat diese Abhängigkeit mit Sklaverei verglichen. Manchmal haben wir Glück und finden jemanden, der uns Anerkennung zollt. Ist das nicht der Fall, so werden wir betrübt und gehen auf die Suche nach jemand anderem.

Dabei tragen wir ein Gefühl der inneren Unruhe in uns, das durch die Ungewißheit entsteht, ob wir die gewünschte Bestätigung bekommen werden oder nicht. Auch Heuchelei, Schmeichelei und ein erschwertes Verständnis für die tiefste Wahrheit erwachsen daraus. Das Verlangen nach Anerkennung setzt Bereitschaft zu Heuchelei voraus.

Die letzten der acht weltlichen *Dhammas* sind Glück

und Unglück. Ein weiser Mensch, der in seinem Inneren den Frieden und die Gerechtigkeit gefunden und die tiefsten Wahrheiten erkannt hat, läßt sich von Glück und Unglück nicht beeindrucken. Glück und Unglück existieren nur auf der weltlichen Ebene.

Innerer Frieden ist nicht das gleiche Gefühl, das wir im allgemeinen unter Glück verstehen, sondern es ist das Fehlen jedes Unglücks. Wenn nur noch Frieden, Akzeptanz und Klarblick geblieben sind, erleben wir wahrheitsgetreues Leben auf dem Boden der tiefsten Einsicht.

Gleichmut zieht in unser Herz ein, wenn wir uns die »fünf edlen Mächte« zu eigen machen. Es genügt, sich an die ersten zwei zu erinnern: im Unangenehmen das Angenehme und im Angenehmen das Unangenehme zu erkennen. Jedes Mal, wenn uns dies möglich ist, schließen wir Frieden.

»Gottes Sohn« zu heißen bedeutet, unsere wahre Natur, die rein, allumfassend, unbegrenzt und unendlich ist, zu kennen und in ihr zu leben. Sie findet sich in jedem Wesen. Nur dann haben wir wirklich Frieden geschlossen.

Dasselbe können wir über die Gerechtigkeit sagen, die uns das Himmelreich erschließt. Gerechtigkeit bedeutet, die tiefste Wahrheit zu suchen, dem Werden und Bekommen zu entsagen, statt dessen loszulassen und zu geben. Dann sind wir den acht weltlichen Ereignissen nicht mehr untertan, werden von ihnen nicht mehr hin und her gejagt und empfinden innere Stärke und Festigkeit. Wir sind nicht mehr abhängig von den Meinungen und Ansichten anderer und haben dadurch Freiheit gewonnen. Das will nicht heißen, daß wir uns anderen Menschen gegenüber ablehnend verhalten. Im Gegenteil, je mehr wir den eigenen Schwierigkeiten mit Mitgefühl begegnen, desto liebevoller können wir uns gegenüber anderen Menschen geben, sehen wir in diesen doch nur ein Spiegelbild von uns selbst.

Wollen wir der Welt in irgendeiner Art und Weise helfen, so können wir nichts Besseres tun, als in uns selbst Frieden zu schließen. Dadurch finden wir innere Sicherheit, die den meisten Menschen fehlt, und die auch tiefe Zufriedenheit mit sich bringt. Friedenstifter zu sein, gerecht zu leben, Gottes Kinder zu sein und das innere Himmelreich zu erleben, verursachen ein gleichbleibendes Gefühl des Ruhens in Wahrheit.

VI
Ihr seid das Licht der Welt

Jesus spricht zu seinen Jüngern:

»Ihr seid das Licht der Welt. Eine Stadt, die auf einem Berg liegt, kann nicht verborgen bleiben. Auch zündet man nicht ein Licht an und stellt es unter den Scheffel sondern auf den Leuchter, damit es allen leuchtet, die im Hause sind. So soll euer Licht vor den Menschen leuchten, damit sie euer gutes Wirken sehen und euren Vater, der im Himmel ist, preisen.«

Matthäus (5, 14–16)

Wir finden in der Bergpredigt häufig Worte, die sich bei uns als Sprüche eingebürgert haben, wie z.B.: »Sein Licht nicht unter den Scheffel stellen«. Wenn wir uns nicht gerade die Bergpredigt gemerkt haben, wissen wir sicherlich nicht, woher diese Worte stammen.

Was bedeutet dieser Ausspruch? Menschen, die meditieren, werden öfter von solchen, die nicht meditieren, gefragt, ob die Meditation nicht ein egoistisches Vorgehen sei. Wenn man sich hinsetze zum Meditieren, sei man doch nur an sich selbst interessiert, sollte man nicht lieber etwas Gutes für die Welt tun, beispielsweise im Rahmen einer Sozialarbeit. Das ist keine ungewöhnliche Frage. Fast jeder, der meditiert, wird irgendwann mit dieser Frage konfrontiert. Es wird gesagt, daß man sich beim Meditieren nicht um die Welt kümmere, sich sogar von ihr abwende und jegliches Interesse an ihr verliere. Aber genau das Gegenteil ist der Fall, so wie hier gesagt wird: »Ihr seid das Licht der Welt. Eine Stadt, die auf einem Berg liegt, kann nicht verborgen bleiben.« Wenn man das Licht in den Leuchter stellt, dann leuchtet es allen! Das Licht, durch den Prozeß der Läuterung während der Meditation in uns entzündet, macht es möglich, daß wir selbst lichter, heller und reiner werden, und wir ein Licht für unsere Umwelt sind. Zu Weihnachten, Geburts- und Namenstagen, in Kapellen, Kirchen und Tempeln zünden wir Lichter an. Das wichtigste Licht aber, das wir zum Leuchten bringen können, ist in unserem eigenen Herzen. Das Leuchten kann nur durch einen Läuterungsprozeß geschehen, denn, was gereinigt ist und keine Schlacken mehr hat, wird zu Licht. Die Meditation hilft darum auf jeden Fall, weil sie einen automatischen Läuterungsprozeß hervorruft. Jede Sekunde der Konzentration ist eine Sekunde der Läuterung, die wir ansonsten nicht erleben würden. Wenn wir die Sekunden aneinanderreihen, sie zu Minuten und Stunden ausdehnen, so haben wir ein Fundament der Charakterstärkung. Weil unser Geist zu der Zeit nur das Meditationsobjekt betrachtet, kann er weder ablehnend noch begehrlich werden. Glücklicherweise kann unser Geist nur eine Regung zur Zeit haben. Entweder konzentriert er sich, oder er kann sich ärgern, widerwillig sein, etwas begehren. Natürlich genügt die Meditation alleine nicht. Wenn wir uns an die Richtlinien des Buddha halten und den Inhalt unseres Geistes erkennen, nicht tadeln, sondern ändern, dann geht der Läuterungsprozeß auch im täglichen Leben weiter und geschieht nicht nur auf dem Meditationskissen.

Der Meditierende lernt das Etikettieren seiner abschweifenden Gedanken. Der gleiche Prozeß findet im täglichen Leben statt, so daß wir unsere unheilsamen Gedanken in heilsame verändern können. Dieser stetige Läuterungsprozeß bedeutet Licht, Glück und Freude für uns und unsere Umwelt. Je mehr Menschen ihr Innenleben läutern, desto mehr Licht bekommen wir in die Welt. Jeder, der mit einem Menschen zusammenkommt, der schon etwas Reinheit und Klarheit in sich geschaffen hat, erlebt eine glücklichere Bewußtseinsebene. Es kann daher nie der Fall sein, daß wir selbstsüchtig auf dem Meditationskissen sitzen; einem jeden kommt es zugute. Genau wie eine Stadt, die auf einem Berg liegt, nicht verborgen bleiben kann, so ist das Licht, das von innen leuchtet, unmöglich zu verbergen. Jeder kann sich daran wärmen und auch dadurch klarer sehen.

Unser gutes Wirken muß nicht immer eine Handlung sein. Das Gute und das Schlechte in uns entspringt unseren Gedanken, die den Antrieb darstellen; als nächstes kommt das Wort und dann erst die Tat. Dies sind die »drei Tore«, mit denen wir uns äußern können. Der Meditationsprozeß, der uns erstens unsere Gedankeninhalte zeigt und es uns zweitens ermöglicht, den Geist vom Alltäglichen ab- und höheren Bewußtseinsebenen zuzuwenden, ist immer gutes Wirken. Nur der geläuterte Geist ist zu reiner, selbstloser Hilfe fähig. Es ist für jeden Meditierenden wichtig zu wissen, daß er nicht nur sich selbst hilft. Wir sprechen oft von unserer Umweltverschmutzung. Unsere Flüsse sind verunreinigt, unsere Bäume sterben. Aber wir verschmutzen unsere Umwelt auch mit unheilsamen Gedanken und reinigen sie mit geläutertem Denken. Derjenige, der meditiert und sich bemüht, seine Gedanken zu erkennen, ist in der Lage, sich und die Umwelt zu läutern.

Diese Art von Licht wäre ein wirklich wichtiger Bestandteil für eine neue Weltharmonie. Lichter sind nicht nur praktisch oder dienen zur Verzierung. In der buddhistischen Tradition benutzen wir die Kerze als ein Symbol der Erleuchtung, denn der erleuchtete Geist ist voller Licht. Da gibt es keine dunklen Ecken oder Winkel mehr. Erleuchtung ist nicht auf irgendeine bestimmte Religion begrenzt, sondern im menschlichen Geist möglich. Wenn wir Kerzen in Kirchen, Tempeln und Kapellen auf diese Weise betrachten, dann vermitteln sie uns vielleicht den inneren Antrieb, uns selbst dem Erleuchtungsprinzip zu nähern. Dann haben Kerzen ihren Zweck erfüllt und sind äußerst sinnvoll für uns. Jesus spricht weiter:

»Ihr habt gehört, daß gesagt ist ›Auge um Auge, Zahn um Zahn‹, ich aber sage euch, daß ihr dem Bösen nicht widerstehen sollt, sondern, wer dich auf die rechte Wange schlagt, dem halte auch die andere hin. Und wer dich vor Gericht bringen und dir den Rock nehmen will, dem laß auch den Mantel. Und wer dich nötigt, eine Meile weit zu gehen, mit dem gehe zwei. Gib dem, der dich bittet, und wende dich nicht von dem ab, der von dir borgen will.«

Matthäus (5, 38–42)

Die Worte des Buddha dazu sind:

»Die Wahrheit sprich, erzürn dich nicht,
Gebeten gib, sei's wenig auch:
Auf diese Dinge drei gestützt
Gelangst Du zu den Göttern hin.«

Dhammapada (Vers 224)

Das Prinzip »Auge um Auge, Zahn um Zahn« kommt aus der jüdischen Tradition, der Jesus entstammte. Im Alten Testament gibt es einen Gott, der den Menschen ihre Untaten nicht verzeiht, sondern sie dafür bestraft. Jesus hat den Weg der Sanftmut und des Erduldens aufgezeigt. Eine der zehn Tugenden, die der Buddha für die Erleuchtung als unumgänglich nötig erklärt hat, ist Geduld. Wir müssen sie entwickeln, um das Gefühl der inneren Harmonie in uns zu erwecken. Geduld und Erdulden sind das gleiche, auch gehört dazu, keinen Widerstand zu leisten, wenn wir angegriffen werden, und noch etwas mehr zu geben, wenn uns jemand etwas nehmen will. Auf der materiellen Ebene hört sich das vollkommen widersinnig an und ist mit dem Alltagsbewußtsein nicht nachvollziehbar. Es beruht auf einer veränderten Geisteshaltung, mit der es sich auch auf der materiellen Ebene bedeutend besser und einfacher leben läßt. Wenn wir nämlich nicht widerstehen und uns nicht gegen etwas stemmen, können wir mit jeglichem Geschehen mitfließen. Auf der Marktplatzebene glauben wir immer noch, daß »Auge um Auge, Zahn um Zahn« wirklich stimmt, daß wir soviel bekommen müssen, wie wir geben, uns behaupten müssen, um das zu erlangen, was uns zusteht. Da ist häufig Kampf angesagt, was niemals zu Harmonie oder Ausgeglichenheit beitragen kann. Wenn jemand etwas von uns sogar zu Unrecht nehmen will, fügen wir uns selbst Schmerzen zu, wenn wir uns dagegen wehren.

Besser können wir vielleicht nachvollziehen, daß wir etwas geben wollen, wenn darum gebeten wird. Wir können untersuchen, ob wir immer zum Geben bereit sind, wenn wir gebeten werden, oder wenn jemand etwas borgen will. Geben wir jemandem etwas leihweise, sollte es sich auch um ein Geschenk handeln, denn, wenn wir darauf aus sind, es wiederzubekommen, verspüren wir innere Unruhe. Der einzige Schutz dagegen ist, die Leihgabe zu verschenken. Vielleicht kann uns dabei klar werden, daß unser ganzer Besitz sowieso nur geborgt ist, daß wir ihn bestimmt nicht behalten können. Mit dieser Gewißheit können wir in Ruhe alles weiterverborgen und verschenken, wonach verlangt wird.

Wenn jemand Böses tut und wir uns diesem Bösen widersetzen, kommen wir leicht in Versuchung, selbst Schlechtes zu tun. Wir können dabei das Gesetz von Ursache und Wirkung *(Karma)* im Auge behalten; wo Böses geschieht, kommen unweigerlich böse Resultate. Es ist ganz unnötig, selbst als Richter einzugreifen. Bei Ursache und Wirkung handelt es sich um unpersönliche und eigenwirksame Naturgesetze. Die Bergpredigt enthält das Prinzip von Ursache und Wirkung an vielen Stellen. Da diese Kausalität ohne unser Zutun funktioniert, könnten wir uns das Leben viel leichter machen, wenn wir keinen Widerstand leisten würden. Die gleichen Geschehnisse erscheinen dann in einem ganz anderen Licht, von der spirituellen Ebene aus betrachtet, als wenn wir sie von der allgemein üblichen Marktplatzebene anschauen. Auf dem Pfad der Läuterung handelt es sich einzig und allein um das Loslassen aller Schlacken, so daß wir das Licht in uns selbst entfachen können. Widerstände und Begierden sind unsere Verblendung. Auf dem Übungsweg erkennen wir, wo wir am stärksten anhaften. Was möchten wir auf keinen Fall verschenken oder verlieren? Diese Untersuchung kann sehr hilfreich sein, da mit dem Anhaften gleichzeitig Angst vor Verlust entsteht. Wo Angst ist, da ist auch Haß, denn sie gehören zusammen. Leider hat die ganze Menschheit Angst und daher auch Haß, und darum herrscht kein Frieden auf Erden.

»Durch Nichtzorn stets besieg' den Zorn,
Durch Güte den Nichtgütigen,
Den Geizigen durch ein Geschenk,
Durch Wahrheit den, der Lügen spricht.«

Dhammapada (Vers 223)

Hier wird sowohl von Jesus als auch vom Buddha erklärt, wie wir Frieden in uns erwecken können. Wenn alles nach unseren Wünschen verläuft, ist es einfach, keinen Widerstand zu leisten. Erst wenn Schwierigkeiten auftreten, kommt der Moment, der Überwindung kostet. Das Prinzip des spirituellen Pfades ist das Erdulden und Überwinden von dem, was uns schwerfällt. Denn wenn uns etwas leichtfällt, gibt es nichts zu lernen. Wenn wir spüren, daß unser Herz nicht vollkommen friedlich ist, können wir erkennen, daß wir Widerstand gegen das leisten, was uns nicht gefällt, oder was wir nicht akzeptieren wollen. Vielleicht ist dieser Widerstand nur im Geist, aber das genügt, um keinen Frieden zu erleben. Jede Friedenskonferenz beginnt in unserem Herzen.

Sanftmut schließt auch Verzeihen mit ein. Wie ist es wohl möglich, anderen zu verzeihen, wenn sie ganz augenscheinlich Schlechtes tun? Nur indem wir uns selbst verzeihen. Durch das Aufpassen auf uns selbst wissen wir, daß wir ständig in Gefahr sind, Schlechtes zu denken, auszudrücken oder sogar zu tun. Diese Gefahr erkennen wir als die allgemeine menschliche Problematik und sind bereit, uns unsere eigenen Fehler und Schwächen zu verzeihen. Das soll nicht heißen, daß wir das Unheilsame weiter fortführen, sondern nur, daß wir einen Schlußstrich ziehen und uns selbst mit Sanftmut und Milde betrachten. Wenn wir mit uns selbst auf diese Weise umgehen, können wir mit den gleichen Gemütsregungen auch anderen begegnen. Wir haben täglich von morgens bis abends die Gelegenheit, uns selbst zu erkennen, zu verzeihen und andere so zu akzeptieren, wie sie sind. Wir erleben dann ein Gefühl der Weichheit und Demut im Gegensatz zur inneren Härte, was uns die Zusammengehörigkeit mit der Familie der Menschheit, die den gleichen Schwächen und Schwierigkeiten wie wir selbst ausgesetzt ist, erleben läßt. Wenn Kerzen auf dem Altar entzündet werden, leuchten sie dann nur für uns, oder kann sich jeder daran erfreuen? Das Licht soll nicht nur ein Symbol für Erleuchtung sein, sondern auch ein Geschenk, an dem jeder, der es sieht, teilhaben kann.

Wir sind alle zur gleichen Zeit auf diesem Erdball, mit den gleichen Wünschen und Hoffnungen und dem gleichen Unfrieden im Herzen, der Rastlosigkeit und Unruhe auslöst. Die innere Unruhe zeigt sich tagtäglich. Wir können das Flackern jedes Kerzenlichts als symbolisch für das Flackern in unseren Herzen ansehen, die noch nicht zur Ruhe gekommen sind. Die Kerze kommt nur zur Ruhe, wenn sie ausgeht. Das bedeutet nicht, daß wir erst zur Ruhe kommen, wenn wir sterben, sondern, daß Ruhe erst einzieht, wenn die Ichbezogenheit ausgelöscht ist. Je weniger wir uns mit dem »Ich« befassen, desto ruhiger wird unser Herz. Alle Religionen legen uns ans Herz, immer weniger festzuhalten und anzuhaften, immer mehr nachzugeben. Ein häufiger Einwand ist der, daß wir dann leicht übervorteilt werden. Aber was ist denn unser Vorteil? Betrachten wir dazu den nächsten Vers:

»Sammelt euch nicht Schätze auf Erden, wo Motten und Rost sie zunichte machen und wo Diebe einbrechen und stehlen. Sammelt euch vielmehr Schätze im Himmel, wo weder Motten noch Rost sie verzehren, wo Diebe nicht einbrechen und stehlen. Denn wo dein Schatz ist, da wird auch dein Herz sein.«

Matthäus (6, 19–21)

Sicher können wir übervorteilt werden, wenn wir immer nachgeben. Aber was kann uns genommen werden? Doch nur Dinge, die von Motten und Rost zunichte gemacht werden und die Diebe sehr leicht stehlen können und die wir immer wieder neu ansammeln müssen. Mit den »Schätzen auf Erden« können wir sehr leicht übervorteilt werden. Ist es wirklich so, daß diese Schätze unser inneres Glück ausmachen? Wir leben in einer Gesellschaft, in der weltlicher

Reichtum zur Genüge vorhanden ist. Wenn wir unsere Besitztümer betrachten, Bankkonten, Haus und Auto, Kleidung und Mobiliar, können wir uns fragen, ob sie unser Glück bedeuten. Ich glaube kaum, daß jemand dazu »Ja« sagt. »Wo dein Schatz ist, da wird dein Herz sein!« Was ist unser wirklicher Schatz, der tiefes Glück bringt? Hier wird gesagt, wir sollen Schätze im Himmel sammeln. Daß damit nicht dieser graublaue Himmel über uns, der nachts schwarz wird, gemeint ist, ist uns bestimmt klar. Angefacht durch unsere geläuterten Emotionen, ist es aber möglich, ein inneres Gefühl des Himmlischen zu bekommen. Wenn wir nachgeben, Geduld üben, das Schwierige erdulden, uns und anderen verzeihen und auch das lieben, was nicht liebenswert ist, dann sammeln wir Schätze im Himmel an. Keiner kann uns da übervorteilen, denn diese Schätze sind nicht greifbar. Keiner kann sie stehlen oder zunichte machen, da sie ja nur bei uns im Herzen zu finden sind.

Der Buddha spricht von Liebe und Mitgefühl, Mitfreude und Gleichmut, von Geduld, von Entsagung und Loslassen, von Wahrheit, Aufrichtigkeit und Willenskraft, die es uns ermöglichen, die spirituelle Läuterung durchzuführen. Die Welt um uns herum zeigt uns jedoch das Gegenteil, denn sie ist auf persönlichen Gewinn ausgerichtet. Dabei muß es sich nicht allein um Geld handeln, es können viele Arten von Gewinn in Frage kommen. Jeder wird davon stark beeinflußt, und wir vergessen immer wieder, daß es noch andere Werte gibt. Wenn wir darüber lesen und davon hören, leuchten diese Ideale uns wahrscheinlich ein, aber im täglichen Leben versinken sie ins Unbewußte. Hier kann uns nur die Willenskraft helfen, den spirituellen Weg immer wieder zum Leben zu erwecken. Das Gefühl der Zusammengehörigkeit mit der ganzen Schöpfung und das Wissen um die wahren Werte im Leben werden uns die Marktplatzebene überwinden lassen. Es geht dabei um universelle Werte, die für jeden wahr sind. Jeder Mensch ist glücklich, wenn er lieben und geben kann. Dagegen ist es für jeden mit unangenehmen Gefühlen verbunden, Widerstand zu leisten. Jeder, der weltliche Schätze anhäuft, hat Angst, sie wieder zu verlieren, daher haben wir die vielen Versicherungsgesellschaften, bei denen wir mögliche Verluste abzusichern versuchen. Es hat keinen Sinn, sich auf diese Weise zu versichern, wogegen eine Versicherung im Herzen ohne Schwierigkeiten vonstatten geht. Wir können nichts verlieren und brauchen keine Angst um unsere himmlischen Schätze zu haben, denn sie sind nicht übertragbar.

Angst haben wir nicht nur vor dem Verlust der materiellen Dinge, sondern auch um die Menschen, an denen wir anhaften. Damit ist der schwierigste Prozeß des Loslassens verbunden, was aber nicht bedeutet, daß wir sie nicht lieben sollen. Es bedeutet vielmehr, ohne Angst zu lieben, was mit anhaftender Liebe nicht zu vergleichen ist. Die meisten Menschen lernen diese angstfreie Liebe nie kennen, weil sie schon damit zufrieden sind, daß sie überhaupt lieben kön-nen. Auch das hat seine Berechtigung, nur bringt es nicht den wahren inneren Frieden. Wenn wir ohne Angst, ohne Anhaften lieben können, lernen wir wahre Liebe kennen, die gebend, akzeptierend, er-duldend und nicht fordernd ist. Es ist eine viel ein-fachere und glücklichere Art und Weise, die zwi-schenmenschlichen Beziehungen zu erleben.

»Denn wo dein Schatz ist, da wird auch dein Herz sein!« Wenn unser Schatz auf der spirituellen Ebene liegt, dann wendet sich unser Herz dorthin und die Verwirklichung eines hohen Ideals wird unserem Herz richtungsgebend sein. Das Erkennen der spirituellen Werte bedeutet nicht, daß wir auf der weltlichen Ebe-ne keine Ordnung halten können. Im Gegenteil, es ist seltsamerweise bedeutend einfacher, denn wir be-kommen oft unerwartete Unterstützung, wenn wir nichts wollen oder verlangen. Im allgemeinen ent-steht viel Mißtrauen zwischen Menschen, weil jeder nur an seinen eigenen Vorteil denkt. Wenn unsere Prioritäten im Spirituellen liegen, geht das materielle Leben viel reibungsloser vonstatten. Wenn wir das einmal ausprobieren, merken wir sehr bald, daß hier ein Naturgesetz am Werk ist. Es ist nicht so schwierig, diesen Worten zu glauben, aber danach zu leben, fällt uns oft schwer. Wenn unser Verständnis, daß die Schätze in unserem Inneren wichtiger sind als die Schätze in der Welt, tief und voller Vertrauen verin-nerlicht wäre, würden wir uns auch danach richten.

»Niemand kann zwei Herren dienen. Entweder wird er den einen hassen und den anderen lieben, oder er wird dem einen anhangen und den anderen verachten. Ihr könnt nicht Gott dienen und dem Mammon!«

Matthäus (6, 24)

Sicherlich sind uns diese Worte bekannt, und wir stimmen wahrscheinlich auch zu; aber haben wir sie schon auf uns selbst bezogen? Das will nicht heißen, daß wir Mangel erleiden sollen. Das wäre weder vernünftig, noch hätte es je einer der religiösen Lehrer empfohlen. Der Buddha hat den mittleren Weg, weder die Askese noch den Luxus, gelehrt. Die Worte bedeuten auch nicht, daß wir kein Geld verdienen oder nicht in einem Haus mit den nötigen Einrichtungen leben sollten, sondern sie sprechen unsere Geisteshaltung an. Was ist uns das Wichtigste, wofür verwenden wir die meiste Zeit? Was tun wir, um unsere inneren Schätze von Liebe, Mitgefühl, Verzeihen und Hingabe zu vergrößern und sie mehr und mehr zu verankern, so daß wir sie nicht mehr verlieren können? Sind wir mit den weltlichen Dingen so stark beschäftigt, daß wir glauben, für die spirituelle Praxis keine Zeit zu haben? In Wirklichkeit brauchen wir keine spezielle Zeit dafür, denn es ist lediglich eine veränderte Geisteshaltung. Jeder Mensch muß sich um seinen Körper kümmern; wir müssen essen, schlafen, uns waschen, ankleiden und um uns herum aufräumen. Jeder muß seinen Verpflichtungen nachkommen. Unser Verständnis für das Prinzip der allumfassenden Schöpfung bestimmt, was wir für wirklich wichtig halten, und bedingt unser Innenleben. Gott zu dienen ist der spirituelle, dem Mammon zu dienen der materielle Weg. Wir können uns nicht beidem gleichzeitig hingeben. Unsere Feste, wie Weihnachten, Ostern, Geburtstage oder Hochzeiten, können wir mit einem spirituellen Grundgedanken feiern, und die angezündeten Lichter als glückspendend und erleuchtend ansehen oder aber herumhasten und besorgt sein, ob wir vielleicht noch ein Geschenk vergessen haben. Wenn wir mit der richtigen Einstellung schenken, erleben wir innere Freude, denn wir denken an andere und vergessen dabei uns selbst.

Wer den spirituellen Pfad als das Wichtigste ansieht, macht äußerlich oft genau dasselbe wie jeder andere, nur mißt er den Geschehnissen ganz andere Bedeutung bei. Durch den Pfad der Läuterung kommt ein veränderter Mensch zum Vorschein. Wenn wir dem Göttlichen dienen, erleben wir andere Resultate, als wenn wir dem Weltlichen dienen, obwohl es häufig äußerlich sehr ähnlich erscheint. Auf der weltlichen Ebene sind die erstrebten Resultate Gewinne auf der materiellen Ebene, die immer mit Unruhe verbunden sind. Wir sind nie ganz sicher, ob wir mit Gewinn rechnen können, weil sehr viele Faktoren mitspielen, auf die wir keinerlei Einfluß ausüben können. Sehr oft sind wir von den Handlungen und Absichten anderer abhängig, was Unsicherheit und Rastlosigkeit in uns hervorruft. Auf der spirituellen Ebene gibt es diese Unruhe nicht. Wenn wir an unserer Läuterung arbeiten, sind wir nicht auf die Mithilfe anderer angewiesen und brauchen keine Angst zu haben, ob wir das Erlangte auch behalten können. Es liegt einzig und allein an uns, ob und wie weit wir diesem Weg folgen. Was wir auf der spirituellen Ebene erreicht haben, kann uns niemand nehmen. Sollten wir allerdings aufhören zu praktizieren, so können wir die inneren Schätze wieder verlieren. Der Buddha hat gesagt, man könne niemals stillstehen, sondern nur vorwärts oder rückwärts gehen. Wenn wir wirklich den Himmel auf Erden erleben wollen, dann müssen wir ständig daran arbeiten. Vielleicht ist das Wort »Arbeit« abschreckend, denn wir denken, wir arbeiten schon genug. Dies ist jedoch die wichtigste und beste Arbeit, die wir je unternehmen können. Der Profit gehört uns; keiner kann ihn uns streitig machen. Die Resultate sind in unserem eigenen Herzen, und wir können sie großzügig verschenken, ohne daß wir jegliche Verluste erleiden. Im Gegenteil, je mehr wir Liebe und Mitgefühl vorurteilslos allen Wesen zukommen lassen, desto mehr wachsen diese Gefühle in unseren Herzen.

Die Läuterung unserer Emotionen bringt die Klarheit des Denkens, so daß dies auch der Weg der Weisheit ist. Wir verstehen dann, wo die wahren Schätze liegen, für die wir keine Versicherungen brauchen, die aber inneren Frieden bringen. Wenn unsere Emotionen soweit geläutert sind, daß sie keine Aufregung mehr verursachen, ist es auch möglich, Klarblick zu erlangen. Ungeläuterte Gemütsregungen lassen uns immer wieder einen persönlichen Vorteil suchen, so daß wir Antworten und Reaktionen von außen erwarten, statt sie in uns selbst zu finden.

Alle religiösen Lehrer haben aus ihrem Inneren geschöpft. Auch wir haben diese Fähigkeit, denn wir haben den »Samen der Erleuchtung«, den »göttlichen Funken« in uns. Es ist gleichgültig, welche Bezeichnung wir diesem inneren Erleben geben. Dabei hilft nur die innere Haltung des Loslassens und Verschenkens, nicht aber die Erwartung, etwas zu bekommen und behalten zu können. Vielleicht wird uns klar, daß hier ein Bereich angesprochen wird, bei dem wir keine weltlichen Maßstäbe anlegen können. Eine Schwierigkeit, die bei spirituellen Lehren immer wieder auftritt, entsteht durch unseren Versuch, sie mit weltlichen Grundsätzen zu messen. Sie passen einfach nicht zusammen, denn wir können Unermeßliches nicht ermessen.

Wir müssen unsere Perspektive verändern und vertiefen. Wenn wir uns vor Augen halten, daß wir selbst, verglichen mit dem unendlichen Universum, wie ein Staubkorn sind, dann erleben wir, daß unsere innere Läuterung unsere Ich-Begrenzungen durchbricht und unseren weltlichen Horizont erweitert. Diese Überlegungen können uns auch helfen, die weltliche Ebene mit ihren Sinnesfreuden und Versuchungen richtig einzuschätzen, so daß wir nicht mehr vollkommene

Zufriedenheit von ihr erwarten. Ohne tiefinnerliche Zufriedenheit können wir jedoch keinen wirklichen Frieden finden. Unsere innere Erfülltheit ist davon abhängig, daß wir etwas Höheres und Größeres sehen als uns selbst und die materielle Welt, in der wir leben. Die materielle Welt haben wir bereits ziemlich gut gemeistert, so daß wir uns jetzt vielleicht entschließen können, unsere Geisteshaltung auf eine andere Ebene zu bringen. Genau wie es nicht möglich ist, in einem Geschäft erfolgreich zu sein, wenn wir uns nur ab und zu damit beschäftigen, so müssen wir auch unseren Geist ständig disziplinieren und seine Fähigkeiten entwickeln. Wir dürfen die spirituellen Werte nicht vergessen und müssen immer wieder versuchen, sie zu verwirklichen, so daß sie fest in uns verankert werden. Leuchtende Kerzen erinnern uns an das Licht in unserem Herzen, das den himmlischen Schatz verkörpert.

VII
Liebende-Güte-Meditation

(Frieden)

Zunächst wollen wir die Achtsamkeit für ein paar Momente auf den Atem lenken.

Jetzt lassen wir einmal alle Wünsche, die wir haben, fallen. Vor allem den Wunsch, daß Ereignisse und Menschen anders wären, als sie sind, daß wir selbst anders wären, daß die Menschen, an denen wir hängen, für immer bei uns bleiben sollen, daß etwas Angenehmes geschieht, und etwas Beängstigendes nicht geschieht. Alle Wünsche wollen wir in diesem Moment loslassen, uns von ihnen befreien und spüren, wie dieses Fallenlassen und Loslassen inneren Frieden bringt. Immer mehr fallenlassen und loslassen. Alles ist so, wie es ist. Wir wollen inneren Frieden in uns verbreiten, so daß wir davon angefüllt und umhüllt sind und uns darin sicher, wohl und geschützt fühlen.

Nun lenken wir die Achtsamkeit auf denjenigen, der uns am nächsten sitzt, und wollen ihm unser Herz voll Frieden schenken. Wir füllen ihn mit dem Gefühl des inneren Friedens an und umarmen ihn, ohne irgendeine Erwartung damit zu verbinden. Dabei verspüren wir, daß das Verschenken des inneren Friedens uns selbst nichts nimmt, sondern den inneren Frieden nur erweitert und vergrößert.

Jetzt denken wir an unsere Eltern, ob sie noch am Leben sind oder nicht, und schenken ihnen unser Herz voll Frieden. Wir füllen sie damit an, umhüllen sie damit, so daß sie teilhaben können an dem Schönsten, was wir zu verschenken haben, an dem unantastbaren Frieden, der unser Herz erfüllt, mit dem wir ihre Herzen beglücken können.

Wir denken an die Menschen, die uns am nächsten stehen, mit denen wir zusammenleben, und schenken ihnen unser Herz voll Frieden, als reines Geschenk, ohne zu erwarten, das gleiche zurückzubekommen. Den Frieden, den wir durch die Wunschlosigkeit, durch das Fallenlassen und Loslassen empfinden, verschenken wir und füllen damit die Herzen unserer Lieben.

Als nächstes denken wir an unsere guten Freunde. In inniger Freundschaft schenken wir jedem von ihnen unser Herz voll Frieden, so daß sie daran teilhaben können und unsere Zusammengehörigkeit erkennen. Wir umarmen jeden von unseren Freunden und akzeptieren sie, so wie sie sind, und schenken ihnen dadurch Frieden.

Jetzt denken wir an die Menschen, die wir in unserem Alltag treffen: unsere Nachbarn, Arbeitskollegen, Kunden, Verkäufer, Postboten, wer immer uns in den Sinn kommt, wer immer unseren Alltag bevölkert. Wir wollen jeden an unserem inneren Frieden teilhaben lassen und ihnen zeigen, daß wir sie so akzeptieren und so lieben, wie sie sind, und ihnen unser Herz schenken. Dadurch kann jede Begegnung friedlich und glückspendend werden.

Nun erinnern wir uns an jemanden, den wir schwierig finden, über den wir uns geärgert haben oder den wir aus irgendeinem Grund ablehnen oder der uns ablehnt. Wir akzeptieren diesen Menschen genauso, wie er ist und schenken ihm unser Herz, so daß auch dieser an dem inneren Frieden teilhaben und spüren kann, wie gut wir es meinen.

Wir verspüren den Frieden in uns als strahlend, leuchtend und erwärmend. Als Geschenk lassen wir ihn aus unserem Herzen zu Bekannten und Unbekannten, nah und fern, fließen. Wir verschenken uns selbst in dem Strömen des Herzensfriedens, soweit die Kraft unseres Herzens reicht.

Nun wollen wir die Achtsamkeit wieder auf uns selbst lenken und die Beschwingtheit und Beglücktheit verspüren, die vom Schenken und Geben kommen, vom Sich-Selbst-Vergessen und Sich-Selbst-Verschenken. Wir spüren den inneren Frieden, der vom Loslassen der Wünsche und Ängste kommt und lassen uns von dem Frieden anfüllen und umhüllen. Unsere Wünsche sind von uns abgefallen; Beschwingtheit, Beglücktheit und Frieden erfüllen uns.

Mögen alle Menschen Frieden im Herzen finden.

Quellenverzeichnis

1.) **Die heilige Schrift** des Alten und Neuen Testamentes, nach den Grundlagen übersetzt und herausgegeben von Prof. Dr. V. Hamp, Prof. Dr. M. Stenzel, Prof. Dr. J. Kürzinger, Paul Pattloch Verlag, Aschaffenburg, 1980

2.) **Angereihte Sammlung** (Anguttara-Nikāya) der Lehrreden des Buddha, übersetzt von Nyānatiloka, überarbeitet und herausgegeben von Nyānaponika, Aurum Verlag, Freiburg im Breisgau, 1984

3.) **Sutta-Nipāta**, früh-buddhistische Lehrdichtungen aus dem Pali-Kanon, übersetzt, eingeleitet und erläutert von Nyānaponika, Buddhistische Handbibliothek 6, Verlag Christiani, Konstanz, 1977

4.) **Dhammapada**, des Buddhas Weg zur Weisheit und Kommentar, Palitext, wörtliche metrische Übersetzung und Kommentar zu der ältesten buddhistischen Spruchsammlung, aus dem Pali übersetzt von Nyānatiloka, Jhana Verlag, Uttenbühl, 1992